VIE

DE

MICHEL DE L'HÔPITAL,

CHANCELIER DE FRANCE.

Prix 1. l. 4. f. broché.

A AMSTERDAM,

Chez MARC-MICHEL REY.

MDCCLXVII.

AVIS

DE

L'IMPRIMEUR.

J'Ai été étonné qu'on ait permis l'impression de cet ouvrage en France, j'en suis charmé par la raison qu'elle prouve qu'on y est moins rigoureux, & qu'on commence à penser plus sagement que par le passé. Il m'a paru utile de rendre cet ouvrage commun & à un prix modique: on sera édifié de connoître un homme de bien dans une Cour corrompue. Je souhaitte que de pareils modeles suivis par les personnes en place, servent d'exemple à ceux qui se disposent à entrer dans les em-

A 2

plois, & rendent les hommes amis de l'humanité & contens d'eux-mémes.

Le prix à Paris chez De Bure pere est de 48 sols cousu. Cette Edition, au moins aussi correcte, mais d'un caractere plus petit, n'en coutera que 24, ou 12 sols de Hollande.

VIE

DE

MICHEL DE L'HÔPITAL,

CHANCELIER DE FRANCE.

LIVRE PREMIER.

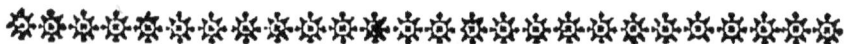

Avant - propos.

J'AI toujours cru que ce seroit un spectacle digne de l'attention des hommes, que celui qui leur présenteroit un Philosophe luttant contre les passions les plus funestes aux sociétés, & dont la vertu, pour s'élever au-dessus des obstacles que lui opposeroit le vice, n'emploieroit que des moyens aussi grands qu'elle. Un pareil tableau peut nous faire éprouver deux sortes de sentimens, auxquels il est également doux de se livrer. Ou nous jouirons de la satisfaction touchante de voir

triompher la raifon des erreurs qui desho-
norent l'humanité ; ou nous aurons à admirer un homme dont le courage inébranlable a réfifté aux coups de la plus injufte
fortune,

Il m'a femblé que le Magiftrat de qui
je me propofe ici d'écrire la Vie, pouvoit être regardé comme un des perfonnages les plus eftimables qu'ait produit notre Nation. Le bien public fut toujours
l'objet qui parut échauffer fon ambition ;
& pour rendre fes concitoyens plus heureux, il ne voulut que les rendre plus raifonnables. S'il fe trompa quelquefois, je
ne me propofe point de le diffimuler.
Quelques affligeantes que foient les fautes
des grands Hommes, on doit les montrer,
parce qu'elles font de grandes leçons.

Voulez-vous bien, Monfieur, que je
vous offre cet Ouvrage ? Sous quels aufpices plus favorables pourroit-il paroître,
que fous les aufpices d'un Philifophe (1),
que la Science & la vertu ont rendu conftamment heureux ? Et quel fuffrage pourroit m'être plus doux, que celui d'un Sage, dont la bouche n'a jamais altéré la
vérité ? Puiffe cette foible efquiffe de

_____

(1) M. de B. de l'Acad. des Infcript. & Belles-
Lettres.

la vie d'un citoyen digne de Rome ou de Sparte, vous délasser quelques instans au milieu de vos occupations, & vous être un gage des sentimens de respect & de tendresse, que vos bontés, & j'ose dire, votre amitié, ont pour toujours gravés dans mon cœur!

I. Sa naissance : sort de son pere, engagé dans l'affaire du Conn. de Bourbon. An. 1605.

Michel de l'Hôpital naquit en 1506 à Aigueperse, petite ville de la Limagne d'Auvergne. Son pere, Jean de l'Hôpital, après avoir exercé quelque temps la Médecine, s'étoit attaché au service de Charles de Bourbon, Connétable de France. (2) L'exactitude & le désintéressement qu'il porta dans les affaires de ce Prince, la chaleur avec laquelle il embrassa ses intérêts, lui attirerent son estime & sa confiance. Le Connêtable ; après avoir éprouvé pendant long-temps sa probité, son zele, son activité, le fit Bailli de Montpensier, (1515.) Auditeur de ses Comptes à Moulins, (1522.) lui donna la Terre & Seigneurie de la Tour de la Bussiere en Auvergne, (3) & le Domaine no-

(2) Test. du Chan. de l'Hôpital.
(3) Hist. des grands Of. de la Couronne.

ble de la Roche, qu'il érigea en Châtel-
lenie, à laquelle il réunit les villages de
Beaus & de Croizet, fitués au Comté de
Montpenfier.

Jean de l'Hôpital avoit un caractere
noble & élevé, (4) fes mœurs étoient féveres, fon ame fenfible & tendre, fon efprit affez cultivé. Suivi dans fes idées,
hardi dans fes opinions, capable de prendre des partis extrémes après y avoir ré-
fléchi, il foutenoit au péril de fa tête le
parti qu'il avoit embraffé. Ce fut dans ces
principes, qu'il éleva Michel de l'Hôpital fon fils aîné. Il l'envoya à Touloufe,
pour y faire fes études, n'ayant pas lui-
même affez de temps dont il pût difpofer,
pour fe charger entiérement du foin de
fon éducation.

Quelque temps après, la fortune de Jean
de l'Hôpital fut troublée, par les révolutions qui renverferent celle du Connétable. Les fervices que le Prince avoit rendus à l'Etat, fes talens militaires, fon rang,
fa naiffance, le mettoient en droit d'afpi-
rer à la plus éclatante faveur. Mais le Roi
François I. voyoit moins en lui un Héros
utile à la patrie, qu'un Rival, qui lui ra-
viffoit une partie de la gloire que nos ar-

_____

(4) Lib. 1. Epift. 13.

mes venoient de s'acquérir en Italie. Celui-ci fier, impétueux, mécontent du peu de crédit qu'il avoit à la Cour, piqué des froideurs du Maître, indigné des affronts que lui fit essuyer la Duchesse d'Angoulême, mere du Roi, qu'il avoit outragée en refusant de s'unir à elle, se rendit aux sollicitations de l'Empereur Charles-Quint, qui, pour l'entraîner dans son parti, lui faisoit les offres les plus brillantes. Dans le temps qu'il s'occupoit en France des moyens de mieux assurer les funestes effets de son ressentiment, ses projets furent découverts, & il s'enfuit en Italie.

Jean de l'Hôpital se voyant dans la nécessité d'être ingrat, ou mauvais citoyen, également tourmenté par les remords qu'il se préparoit en prenant l'un ou l'autre parti, crut enfin qu'il se devoit à son bienfaiteur. Il suivit le Connétable avec tant de précipitation, qu'il ne put emmener avec lui ses enfans. On le traita comme complice du Connétable de Bourbon, & ses biens furent confisqués.

II. Il passe en Italie, où il étudie.

Michel de l'Hôpital, alors âgé de dix-huit ans, fut arrêté à Toulouse, & s'y vit quelque temps retenu dans les prisons, dont il fut relâché, après que les Commissaires chargés d'inftruire contre les Complices de la révolte, (5) eurent déclaré qu'on ne pouvoit l'accufer d'y avoir eu part. Dès que la liberté lui eut été rendue, il partit pour l'Italie, & alla rejoindre à Milan fon pere, qui, avec quelques partifans du Connêtable, s'étoit enfermé dans cette ville, qu'affiégeoit alors François I.

Jean de l'Hôpital avoit reffenti les plus vives allarmes de la détention de fon fils, & il le revit avec la tendreffe d'un pere, & cette fenfibilité que donne le malheur; mais il craignit, s'il le gardoit avec lui, d'interrompre le cours de fes études, & il crut devoir l'envoyer dans une ville où il pût les continuer. Michel de l'Hôpital quitta Milan, (6) paffa, à lafaveur d'un déguifement, au milieu de l'armée Françoife, & fe rendit à Padoue, (7) dont les Ecoles étoient célebres dans toute l'Europe.

L'Italie étoit fortie depuis plus d'un fiecle de la barbarie, dans laquelle elle avoit été replongée, depuis que les Romains avoient tranfporté à Conftantinople le fiege de leur Empire. La Langue

(5) Teft. du Chancelier de l'Hôpital.
(6) Ibid.   (7) Ibid.

qui s'étoit infenfiblement formée, au milieu des troubles & des guerres civiles, avoit reçu en peu de tems, par les efforts de Dante, de Pétrarque, & de Bocace, tous les accroiffemens dont elle étoit fufceptible. L'Italie produifoit alors de grands Philofophes, de grands Hiftoriens, & de grands Maîtres dans tous les Arts. En vain la France, l'Allemagne, l'Angleterre vouloient fecouer le joug du faux goût qui y regnoit, le génie farouche de la Théologie Scholaftique y tenoit toujours enchainé celui des Sciences & des Arts. Agricola, Erafme, Budée, Thomas Morus, les Rois de France & d'Angleterre, avoient bien contribué à échauffer les efprits de l'amour des Lettres. On voyoit des hommes très-fçavans; mais aucun Ouvrage n'étoit encore forti de leurs mains, empreint de ce fceau qui affure l'immortalité.

Guichardin, Machiavel, l'Ariofte, confacroient en Italie leurs noms, lorfque Michel de l'Hôpital arriva à Padoue. Bientôt il s'attira l'attention de tout ce que cette ville renfermoit de perfonnages illuftres & éclairés. On vit avec étonnement, que dans un âge où l'on n'eft gueres capable que d'amufemens frivoles, il faifoit fes délices de ce que les Sciences (8) semblent offrir de moins attrayant à notre curiosité. On le vit étudier la Religion dans les sources, s'éclairer sur les grandes questions de Dogme & de Discipline qui divisoient déja toute l'Europe, (9) sonder les profondeurs du Droit naturel, du Droit civil, & ne chercher ses délassemens que dans ce qu'Athenes & Rome avoient eu d'excellents Ecrivains. Sa constance, son courage, des succès joints à des mœurs irréprochables, intéresserent en sa faveur tout ce qui n'étoit pas indifférent aux progrès de la science & de la raison. Les Magistrats de Padoue s'empresserent à lui donner de ces marques d'estime (10), & de ces applaudissemens, qui peuvent inspirer un violent amour de la gloire.

Le Cardinal de Grammont vint alors à Padoue (1531), il y vit l'Hôpital, & crut appercevoir en lui les germes de tous ces talens que le tems développa. Dès ce moment il prit la résolution d'employer tout son crédit (11), pour rendre à sa patrie un homme qu'il croyoit digne d'y remplir les emplois les plus importans.

(8) Boissard.   (9) Lib. 3. Epist. 1.
(10) Boissard.   (11) Ibid.

III. Il vient à Bologne , & s'établit enfui-
te à Rome.

Peu après l'Hôpital quitta Padoue, &
partit pour Bologne, où il alla rejoindre
fon pere, qu'il trouva dans une fituation
bien différente de celle où il l'avoit laiffé.
Le Connêtable de Bourbon avoit été tué
en 1527. au fiege de Rome; la confidération dont Jean de l'Hôpital avoit joui
dans fon parti, fon état même tenant à
la fortune de ce Prince, il avoit tout perdu par fa mort. (12) Il foutint fes malheurs, avec une conftance, qui fut la plus
grande de fes leçons pour fon fils. Ils
allerent enfemble à Rome, où, malgré la
jeuneffe de Michel de l'Hôpital, la réputation que lui avoient acquife fes premieres veilles, lui firent donner une place
d'Auditeur de Rote.

Le Cardinal de Grammont parut le voir
avec peine, (13) retenu dans un pays où
il n'eft gueres d'honneurs ni d'emplois
confidérables pour ceux qui n'embraffent
pas l'état Eccléfiaftique. S'étant d'ailleurs
perfuadé que les talens de Michel de l'Hôpital le mettoient en droit de prétendre

(12) Lib. 1. Epift. 13.   (13) Teftam.

aux plus grandes Places, par tout où il voudroit se fixer; il ranima le désir qu'il conservoit, ainsi que son pere, de revoir sa patrie. (14) Il tâcha de persuader à ce dernier, qu'il falloit tout tenter pour obtenir la permission de rentrer en France; qu'il devoit à l'avantage de deux fils & d'une fille qu'il y avoit laissés, les efforts dont il étoit capable pour surmonter les difficultés qui pouvoient s'y rencontrer: qu'on trouveroit d'autant plus de facilité à solliciter sa grace, qu'on auroit à faire valoir des services qu'il avoit essayé de rendre au Roi, en travaillant à ménager avec l'Empereur une paix favorable à la France; que le Cardinal de Tournon, qui avoit été témoin du zele & de l'attachement qu'il avoit montré dans cette occasion pour les intérêts de sa patrie, saisiroit sûrement les moyens de lui être utile. Le Cardinal de Grammont promettoit enfin à Jean de l'Hôpital d'employer tout le crédit qu'il pouvoit avoir à la Cour, pour assurer sa fortune, & établir celle de son fils.

IV. Il quitte l'Italie & vient à Paris, où il s'attache au Barreau.

L'un & l'autre se trouvoient déplacés

(14) Lib. 1. Epist. 13. & Testament.

à Rome, & ce féjour en effet convenoit peu à des hommes dont les mœurs étoient aufteres, l'efprit incapable de feindre, & d'aprouver les défordres de la Cour des Papes, les projets ambitieux & fanguinaires des Souverains Pontifes, & le déréglement général des Eccléfiaftiques, dans un temps où la Religion ébranlée avoit befoin d'être foutenue du fecours d'une vraie piété. Le mot attrayant de patrie, l'amour de leur famille, les affurances que leur donnoit le Cardinal de Grammont de s'employer de toutes fes forces à leur procurer un fort plus heureux, achevefent de les déterminer à quitter l'Italie. Mais à peine Michel de l'Hôpital fut-il arrivé à Paris, qu'il eut à fe repentir de s'être livré aux efpérances dont l'avoit flatté le Cardinal. Celui-ci malheureufement, fans avoir eu le temps de lui prouver qu'il n'avoit pas pour lui une amitié ftérile (15), mourut le 26 Mars 1534. au château de Balna près de Touloufe. Michel de l'Hôpital étant à Paris fans protections, & n'ayant de reffources que celles (16) qu'il pouvoit trouver en lui-même, prit le parti du Barreau; tandis que fon pere, follicitant inutilement la per-

(15) Bayle Diction. (16) Teftament.

miſſion de rentrer en France, & n'ayant pu obtenir qu'une Déclaration du Roi (17) qui lui rendit la jouiſſance de ſes biens & de ſes Terres, ſe retira en Lorraine, où il mourut Médecin de la Ducheſſe.

Michel de l'Hôpital parut dans le Barreau avec tout l'avantage que devoient lui donner la connoiſſance qu'il avoit des Loix, l'étude qu'il avoit faite du Droit naturel & des gouvernemens, un eſprit orné par la lecture des bons Livres de l'Antiquité, & par le commerce des Philoſophes qu'il avoit connus en Italie.

IV. Il eſt fait Conſeiller au Parlement. Etat de la Magiſtrature d'alors. Sa conduite & ſes ſentimens.

On le jugea bien-tôt ſupérieur à l'état que ſa fortune l'avoit contraint d'embraſſer. Morin, Lieutenant-Criminel, lui fit épouſer ſa fille, & lui donna pour dote une charge de Conſeiller au Parlement. (18) L'Hôpital ſuccéda le 14 Juin 1537. dans cette place à Lazare de Baïf, à qui quelques talens pour la Poéſie Françoiſe, & une érudition peu commune dans les

Lan-

(17) Lib. 1. Ep. 13. Hiſt. des grands Off. de la Couronne.   (18) Teſtament.

Langues fçavantes, avoient attiré la protection de François I. toujours affurée
aux gens de Lettres.

La Magiftrature commençoit alors à
perdre de cet éclat dont elle avoit autrefois brillé, & la Nation fe plaignoit de
ce que la fcience & la vertu paroiffoient
abandonner les Tribunaux de juftice. La
vénalité des charges étoit l'époque fatale
à laquelle on rapportoit leur décadence.
Jufqu'au moment où l'on vit introduire
la vente des offices de Judicature, les
Compagnies jouiffoient en quelque forte
du privilege de nommer elles-mêmes aux
places qui vaquoient, en propofant au
Roi plufieurs fujets pour les remplir;
parmi lefquels Sa Majefté faifoit un
choix, qui, quel qu'il fût, ne pouvoit
faire entrer dans le corps de la Magistrature, que des hommes dignes d'un
auffi grand honneur. Mais dès l'inftant
où le malheureux efprit de finance, qui
brûle & détruit tout, eut déterminé la
Cour à vendre le droit de juger fes concitoyens, on vit, dit le Chancelier de
l'Hôpital; toutes les Cours fe peupler en
un inftant de jeunes gens incapables de
remplir les fonctions facrées dont ils o-
foient fe charger, ou de Magiftrats dont
la réputation étoit déja flétrie; l'igno-

B

rance & l'avarice fe glifferent par tout.
Cette contagion (19) commençoit fort
à s'étendre lorfqu'il entra dans le Parlement. Quelques hommes, que, par des
circonftances favorables, une éducation
mâle & vigoureufe avoit affermi dans les
principes de la fageffe, s'en défendoient
encore; mais on les comptoit aifément.

L'Hôpital (20) s'acquitta des fonétions
de fa charge avec une exaétitude & une
délicateffe dignes des premiers temps,
qu'il regrettoit. Son travail affidu, fes
talens, fa droiture inflexible, le firent
regarder comme un des Magiftrats qui
pouvoient le plus contribuer à relever

(19) Interea affidue regali munere fungor
Et circumventos, ita fi tulit ufus, iniquis
Judiciis præfto incolumes, non ultimus ipfe
Inter feleétos, vel re, vel nomine, centum;
Et teneo antiquum manibus pedibufque decorem
Cum paucis, reliquos mihi mors quos improba fecit.
Egregius quondam, nunc turpis & infimus Ordo,
Temporibus poftquam cœpit promifcuus effe
Omnibus, & pueris paffim, probroque notatis,
Qui vix prima tenent elementa, docente magiftro.

Lib. 1. Ep. 3. Voyez auffi, pag. 99. 159. 178.
179 Edit. Amftel. 1732.

(20) Lib. 3. Ep. 14.

la gloire du Parlement. Tous ceux qui jouiſſoient de l'eſtime & de la vénération publique, rechercherent ſon amitié, & formerent avec lui une eſpece de ligue pour combattre les vices qui déſoloient les Tribunaux de Juſtice.

Les momens où l'Hôpital n'étoit point occupé à terminer les débats du citoyen, il les donnoit à la compoſition d'un Ou-vrage ſur les Loix. Il vouloit les raſ-ſembler en un corps, où, leur aſſignant à chacune leur place naturelle, elles ſe feroient prêté un jour mutuel. Il conci-lioit celles qui paroiſſoient ſe contredire, (21) & les rapportoit toutes à des prin-cipes, dont il tâchoit de les faire ſor-tir, comme des conſéquences néceſſaires.

VI. Quels étoient ſes amis ? Du Châtel, Olivier, &c.

L'auſtérité de ſes mœurs n'eut que le ſuccès des vertus qui choquent trop l'o-pinion publique. Tous ceux de qui la conduite n'étoit pas irréprochable, cru-rent juſtifier la leur, en attaquant la ſien-ne (22) : on lui attribua des vues éloig-

(21) Lib. 1. Ep. 2. Lib. 3. Ep. 1.
(22) Ibid.

nées d'intérêt & de fortune. Il se sentit cruellement blessé de ces traits, dont il conserva toute sa vie un souvenir amer: mais il trouvoit de quoi se consoler des offenses d'ennemis si méprisables, dans l'espece d'hommage que rendoit à sa vertu, tout ce qu'il y avoit de plus illustres personnages dans l'Etat & dans la République des Lettres. Il étoit déja lié avec les Cardinaux du Bellai (23), de Tournon, de Chastillon, d'Armagnac ; avec Turnebe, Ronsard, d'Espense, & Salmon surnommé *Macrinus*.

Entre tous ceux avec qui il forma quelque liaison, aucun ne s'acquit autant de droit sur son cœur, que du Châtel, Evêque de Tulles, Bibliothécaire de François I. & qui devint ensuite Grand-Aumônier de France. Ce sçavant homme mérite trop de vénération, pour qu'on ne saisisse pas toutes les occasions de lui en assurer le juste tribut chez la postérité. Il étoit fils d'un Gentilhomme Wallon, dont la fortune étoit médiocre (24) ; & il avoit fait ses études à Dijon, où il enseigna quelque temps avec éclat. Il voyagea en Allemagne, ensuite en Italie, &

(23) Voyez ses Poésies.
(24) Vit. Castellani per Galand.

fit admirer par tout fa doctrine & fa raifon. De retour en France, il fe fit connoître de François I. Ce Prince crut
qu'il lui feroit glorieux de faire la fortune
de du Châtel, qu'il nomma à l'Evêché de
Tulles, & qu'il fit fon Bibliothécaire à la
mort de Budé en 1540. L'Evêque de
Tulles employa fon crédit à encourager
les bonnes études, & à protéger les Gens
de Lettres. Il plaifoit à François I. fur-
tout par fa facilité à parler, & par la
richeffe & la variété de fa converfation.
Souvent il profita de cette forte d'empire, que fon éloquence lui donnoit fur le
Roi, pour lui faire entendre des vérités
que rarement on a le courage de préfenter aux Souverains.

Un jour le Chancelier Poyet dit au
Roi, devant une foule de Courtifans,
qu'il étoit le maître abfolu des biens de
fes fujets. (25) ,, Jufte Ciel ! s'écria
,, l'Evêque de Tulles, comment ofe-t-on
,, effayer d'infpirer de tels fentimens, à
,, un Prince qui a des Loix à fuivre & à
,, refpecter ? Voilà, Sire, voilà les dé-
,, teftables maximes fur lefquelles fe for-
,, merent les Caligula & les Néron, &
,, c'eft en admettant ces principes affreux

(25) Ibid.

B 3

„ qu'ils devinrent l'exécration du genre
„ humain. Fallut-il même prévenir la
„ ruine entiere de l'Etat, vous ne devez
„ pas ignorer, qu'avant que de vous fer-
„ vir de nos biens, il vous faudroit ob-
„ tenir notre confentement. ”

Si l'on fut étonné de la noble audace
de du Châtel, on n'eut pas moins à admirer la grandeur d'ame du Roi, qui
voulut difputer avec lui de générofité,
& lui marqua hautement, qu'il lui fçavoit
gré de la fermeté qu'il montroit à défendre les véritables intérêts du Prince &
ceux de l'Etat.

L'Hôpital trouva dans l'Evêque de Tulles, cette fageffe mâle & fiere, dont fon
pere lui avoit donné les premieres leçons ; & leur inclination commune pour
les Lettres acheva de cimenter leur u-
nion.

Un feul homme pouvoit partager avec
du Châtel, le cœur de Michel de l'Hopital. C'étoit Olivier, que fon mérite
& la faveur de Marguerite, Reine de
Navarre & fœur du Roi, venoient d'é-
lever à la dignité de Chancelier. Ce choix
avoit été généralement approuvé. Depuis long-temps, on n'avoit vu dans cette place aucun Magiftrat qui réunît tant
de lumieres & tant de probité ; & l'on

fe flattoit de voir corriger bientôt une partie des abus qui s'étoient introduits dans les Tribunaux de Juſtice. Pendant trois ans, qu'Olivier avoit été dans le Parlement, il avoit eu le temps de ſuivre & de connoître Michel de l'Hopital, dont il s'étoit ouvertement déclaré protecteur. Dès qu'il fut Chancelier, il réſolut de l'élever à des emplois qui le miſſent à portée de faire ſervir ſes talens plus utilement au bien de ſa patrie.

L'Hôpital déſiroit auſſi d'entrer dans une nouvelle carriere. Il commençoit à ſe ſentir quelques dégoûts pour ſon état, & ſe déplaiſoit dans ce travail opiniâtre d'un Juge, forcé de s'appliquer à la diſcuſſion d'objets rarement importans, ſouvent minutieux, & dont la connoiſſance, ordinairement, contribue peu à étendre & à aggrandir les idées. Cette pierre qu'il étoit obligé (26), diſoit-il, de rouler comme un autre Siſiphe, depuis le lever du Soleil juſqu'à ſon coucher, & que le lendemain il retrouvoit encore au bas de ſon rocher, l'accabloit de ſa peſanteur. Il déſiroit un genre de vie, qui lui eût permis, après avoir donné aux affaires publiques la plus grande

(26) Lib. 1. Epiſt. 2.

partie de fon temps, d'en confacrer le refte à l'étude & aux Mufes.

Quelquefois il s'arrachoit à fes péni-bles occupations, pour aller jouir de quel-ques repos dans une campagne de fon beau-pere. Là il fe livroit entiérement à fes goûts, reprenoit la lecture des bons Livres, qu'il étoit obligé d'interrompre lorfqu'il fuivoit le fil des affaires. Les meilleurs Philofophes, les plus grands Poëtes de l'Antiquité, l'étude de notre Hiftoire (27), celle des faintes Ecritu-res fur lefquelles il aimoit à méditer, oc-cupoient une partie de fon temps. L'é-ducation d'une fille, qui feule lui reftoit de trois enfans qu'il avoit eus (28), ache-voit de remplir des momens, qui lui pa-roiffoient toujours s'être écoulés trop rapidement. C'étoit-là qu'il s'amufoit à écrire les Vers qu'il addreffoit à fes amis, & que l'on peut encore regarder comme un des plus beaux monumens que l'efprit ait jamais élevé à la raifon.

VII. *Il eft envoyé au Concile de Trente,* *transféré à Bologne.*

Tant que vécut François I. l'Hôpital

(27) Lib. 1. Ep. 3. Lib. 2. Ep. 20.
(28) Lib. 7 pag. 361.

ne put jamais fe flatter de parvenir à cet état qu'il défiroit, & dans lequel il eut pu fe livrer à des occupations conformes à fes goûts. Le Roi prévenu par ces hommes dont fa vertu lui avoit attiré la haine, & par l'attachement que fon pere avoit voué au Connétable, ne put jamais regarder comme un fujet zèlé, le fils d'un homme qu'il avoit cru complice de la révolte du Connêtable de Bourbon. (1547.) Mais François I. étant mort, il fe préfenta une occafion qu'Olivier jugea favorable pour commencer à remplir les projets qu'il avoit formés fur l'Hôpital, & il la faifit auffi-tôt.

Le Concile de Trente occupoit alors l'attention de l'Europe entiere. Charles-Quint & le Pape Paul III. étoient les deux moteurs principaux des refforts de cette grande fcene, où chacun d'eux vouloit faire triompher fes intérêts particuliers. Les erreurs de Luther & de Calvin s'étant répandues dans toute l'Europe, on n'avoit pu refufer à leurs fectateurs la convocation d'un Concile, auquel ils promettoient de fe foumettre. Le Pape s'étoit vu preffé d'en indiquer la tenue par tous les Catholiques mêmes, qui fentoient la néceffité abfolue d'apporter une réforme dans la difcipline Eccléfiaftique,

B 5

L'Empereur intéreflé à voir appuyer par
un Concile les projets qu'il avoit formés
& déja exécutés en partie contre la liberté des Princes d'Allemagne, avoit encore les mêmes raifons que tous les Catholiques, pour demander cette réforme.
Le Pape fe crut enfin obligé de convoquer le Concile à Trente, où il fut ouvert le 15 Décembre 1545.

Mais Paul III. ne tarda pas à s'appercevoir qu'il avoit commis une imprudence, en fouffrant qu'on difcutât fes intérêts, & qu'on prononçât fur les droits
& les prétentions de la Cour de Rome,
dans une ville où l'Empereur étoit tout-
puiffant, & où les Proteftans pouvoient
encore fe faire entendre. Il faifit donc
le prétexte de la pefte qu'on prétendit s'ê-
tre montrée dans les environs de Trente,
pour transférer le Concile à Bologne en
Italie, où il jugea que fon autorité pourroit
mieux balancer celle de l'Empereur, & où
les Proteftans refuferoient même vraifem-
blablement de venir plaider leur caufe.

Le Miniftere de France jaloux de la
grandeur de Charles-Quint, avoit auto-
rifé cette tranflation. Jérôme Capo del
Ferro, Cardinal de S. George, étoit venu conclure un Traité avec le Roi Henri II. par lequel le Pape abandonnoit au

Roi toutes fes prétentions au fujet des Bénéfices ; à condition que ce Prince donneroit Diane, fa fille naturelle, à Horace Farnefe, petit-fils du Souverain Pontife, & que la Cour de France feroit partir au plutôt des Prélats & des Ambaffeurs pour Bologne. Olivier détermina le Roi à y envoyer Michel de l'Hôpital. Il fe rendit en Italie au mois d'Août 1547. (29) & arriva à Bologne vers le milieu d'Octobre.

On étoit fort éloigné d'y travailler à la reconcilation des Catholiques & des Proteftans. Le Pape & l'Empereur employoit l'adreffe de leur politique à faire paffer dans ce grand Corps toutes les paffions dont ils étoient animés : ce n'étoit que proteftations faites au nom de Charles, qui refufoit de reconnoître pour un Concile légitime l'affemblée des Peres à Bologne, que réponfes de Paul aux menaces de l'Empereur. L'intrigue & l'intérêt agitoient tous les efprits, que l'avantage de la Religion auroit dû feul occuper.

L'Hopital ne pouvoit fe diffimuler que l'ambition des Souverains Pontifes, le luxe, l'avarice, & les déréglemens de tous

(29) Lib. 1. Epift. 4.

les Ordres du Clergé, n'euffent contribué
à la naiffance & au progrès des Héréfies;
que les peuples, qui ne peuvent fe déterminer que fur les objets qui frappent
leurs fens, n'étoient pas auffi condamna-
bles de s'être livrés aux Novateurs, que la
Cour de Rome avoit intérêt de le perfuader; que dès-lors on étoit obligé, pour
faire rentrer les Hérétiques dans le fein de
l'Eglife, d'employer des moyens d'autant
plus doux, qu'on fembloit leur avoir donné plus de raifons de s'en écarter.

Quoiqu'il ne doutât pas que la plûpart
des Evêques n'aimaffent mieux conferver
leurs richeffes, leur pouvoir & leur ignorance, que d'en faire un généreux facrifice au bien de la Religion, il efpéroit
néanmoins trouver au Concile plufieurs
Prélats vertueux, avec lefquels il auroit
pû former un parti affez puiffant, pour
amener cette reconciliation qui eût târi
la fource des guerres civiles dont l'Europe étoit déchirée; mais il fe vit avec douleur forcé de renoncer à ce pieux deffein.

*VIII. Il revient en France : fon ami le
Chancelier Olivier eft difgracié.*

Bientôt fa commiffion lui déplut, &
au bout de quatre mois il écrivit à Oli-

vier, pour lui demander son rappel, &
le prier de le nommer à un emploi dans
lequel il pût acquérir plus de gloire, (30)
& servir plus utilement le Roi. Olivier
approuva les raisons qui faisoient (31) dé-
sirer à l'Hôpital de quitter l'Italie, & il
lui fit à son retour reprendre ses anciennes fonctions de Conseiller au Parlement,
en attendant l'occasion de l'élever à une
place qui fût plus digne de ses talens.

. Mais l'Hôpital fut encore trompé dans
ses espérances, son ami & son protecteur
ayant été mis dans l'impuissance de lui
être utile. Olivier éprouva la destinée
des hommes vertueux, il déplut; & une
retraite illustre lui parut alors préférable
à un rang qu'il n'auroit pu conserver que
par des injustices, & en flattant les passions de la Duchesse de Valentinois. Ce
Chancelier parut plus grand dans sa chûte, que dans la faveur dont il avoit joui.
L'Hôpital ne sçut, s'il devoit plus s'affli-
ger pour l'Etat, que se féliciter de l'honneur dont son ami s'étoit couvert. Il lui
écrivit une lettre, (1550.) pour lui marquer combien il avoit été touché de la
noblesse & de la force qu'il avoit fait écla-

(30) Lib. 1. Ep. 2.
(31) Lib. 3. Epist. 1.

ter dans fa retraite. (32) „ Il y a des
„ hommes qui vous plaignent, lui dit-il;
„ pour moi, je vous félicite.   Je ne fuis
„ point inquiet de la tranquillité ni des
„ douceurs que vous devez trouver dans
„ un exil, qui vous permet de vous li-
„ vrer à tous les goûts du Sage, de n'a-
„ voir devant les yeux que des objets
„ qui vous font chers, & vous éloigne
„ d'une Cour dépravée, où vous n'au-
„ rez plus à combattre les vices qu'elle
„ honore.   Tels étoient, pourfuit-il,
„ ces premiers Romains, qui paffoient
„ des occupations ruftiques, au foin de
„ gouverner le monde. Nous vous avons
„ toujours vu libre comme eux, au mi-
„ lieu de la Cour même, parce que vous
„ avez toujours vu fes careffes du même
„ œil, dont vous voyez à préfent fes
„ mépris."

IX. *Il ne follicite point les amis qu'il avoit*
en Cour.

La difgrace d'Olivier paroiffoit devoir
fixer l'Hôpital dans le Parlement.   Il lui
reftoit cependant d'autres amis puiffans
& accrédités à la Cour; mais il ne fai-

(32) Lib. 2. Epift. 10.

foit aucune des démarches qui euffent pu
les forcer à lui rendre utile le crédit dont
ils jouiffoient. (33) Le Cardinal de Tournon s'étoit fouvent plaint de ce qu'il paroiffoit le négliger. L'Hôpital pouvoit
bien fe fentir quelqu'éloignement pour un
homme dont le zele trop ardent ne vouloit maintenir la vraie Religion , & la
défendre contre les entreprifes de l'Héréfie, que par le fer & par le feu. Mais
le Cardinal de Tournon (34) n'étoit pas
le feul dont il négligea d'employer la faveur ; il ne témoignoit pas plus d'em-
preffement, pour fe fervir de celle dont
fes autres amis étoient en poffeffion.

Le Cardinal de Lorraine parut alors
s'intéreffer à lui, avec le ton paffionné
qu'il portoit dans fes affections. C'étoit
un de ces hommes qui réuniffent toutes
les fortes d'ambition. Il n'étoit aucun
genre de domination, aucune efpece de
gloire, à laquelle il n'eût voulu prétendre. Il eût défiré qu'on le crût en même-
temps, Théologien, Philofophe, Prélat
vertueux, fin Courtifan , grand homme
d'Etat. Toujours attentif aux moyens d'en
impofer au peuple, il faififfoit toutes les

(33) Lib. 1. Epift. 3.
(34) Lib. 2. Epift. 9. Ib. p. 74.

occafions de furprendre l'approbation publique, lorfqu'il n'étoit point emporté par
la fougue de fes paffions. Il jugea donc
qu'il pourroit lui être honorable, de travailler à l'élévation de l'Hôpital, & il en
paroiffoit fort occupé, lorfqu'une main
encore plus puiffante prévint les effets de
fa bonne volonté.

X. *Marguerite de Valois l'ayant connu,
parla de lui au Roi.*

Marguerite de Valois avoit hérité de
François I. fon pere, cette forte de paf-
fion qu'il eut pour les Lettres. Sa Cour,
qui pouvoit être regardée comme le tem-
ple des fciences & des vertus, étoit formée par ce qu'il y avoit alors des plus
eftimable & de plus refpecté dans les différens ordres de l'État. Elle voulut voir
l'Hôpital, dont on lui avoit parlé comme
d'un des perfonnages les plus diftingués
qui fuffent dans la Robe. (35) Elle lui
fit des reproches du peu de foin qu'il donnoit à l'avancement de fa fortune, de
cette tranquillité philofophique, avec laquelle il regardoit fa fituation préfente,
& négligeoit de fe procurer un fort plus
heureux.

(35) Lib. 2. Epift. 2.

heureux. Elle lui promit d'employer pour lui tout le crédit qu'elle avoit auprès du Roi son frere. L'Hopital fut aussi-tôt fait Maître des Requêtes. (36)

Dès ce moment il fut connu du Roi, à qui sa sœur en fit prendre les idées les plus avantageuses. Il suivoit souvent la Cour; & ce fut dans un voyage qu'il fit avec elle en Berry, qu'arriva cette avanture assez connue, qui fut l'origine de la fortune d'Amyot. (37) Le Roi logeoit dans le Château d'un Gentilhomme, chez lequel Amyot alors soupçonné de Calvinisme, s'étoit réfugié pour échapper aux poursuites qu'on faisoit alors contre les Hérétiques. Il avoit composé quelques Vers grecs, que les enfans du Gentilhomme chez lequel étoit le Roi, lui présenterent. ,, C'est du ,, grec: A d'autres, '' s'écria-t-il, en jettant les Vers à Michel de l'Hôpital. Celui-ci, après les avoir lu, demanda à Amyot, où il les avoit trouvés. ,, Ils sont de moi, répondit le jeune ,, homme ''. L'étonnement & l'admiration que montra l'Hôpital, parurent au Roi un si grand témoignage du mérite du jeune Amyot, que ce Prince crut de-

(36) Testament. (37) Rouill. Hist. de Melun.

C

voir l'attirer à fa Cour, où, dans la fuite, il fut nommé Précepteur des Enfans de France.

XI. *Il eſt fait Sur-Intendant des Finances: fa conduite lui attire bien des ennemis.*

L'opinion que Marguerite fit concevoir au Roi des lumieres & de la probité de Michel de l'Hôpital, détermina ce Prince à lui confier le foin de veiller à l'emploi de fes revenus, & à créer pour lui une nouvelle charge de premier Préfident & de Sur-Intendant des Finances en la Chambre des Comptes. (38)

Il s'étoit introduit des abus intolérables dans l'adminiſtration des Finances. Le Tréfor Royal fe trouvoit épuifé, par les libéralités exceſſives du Roi, par l'avidité de fes Favoris, de fes Miniſtres, de fa Maîtreſſe; par une guerre qui obligeoit à des dépenfes extraordinaires, par les plaifirs d'une Cour où l'on vouloit que les fêtes les plus brillantes fe fuccédaſſent continuellement, par les malverfations de tous les gens établis pour la levée des impôts (39). A peine la quatrieme partie des revenus de l'Etat, étoit-

(38) Par Edit de Janvier 1554. (39) Ep. p. 264.

elle employée aux objets auxquels la Nation les croyoit destinés. L'Hôpital, pour s'opposer à tant de désordres, fit des exemples de sévérité, qui effrayerent les coupables ; refusa courageusement de fournir les sommes qu'on lui demandoit, (40) lorsqu'elles ne devoient pas servir à l'avantage du Prince & de son peuple, (41) Prieres, menaces, offres de partager les dépouilles avec lui , espérances dont on le flatta de le porter à de plus hauts emplois, tout fut mis en usage; rien ne put le corrompre.

Il s'attira une foule d'ennemis, dont la haine le peignit d'une maniere digne des motifs qui l'allumoient. (42) ,, Je me ,, rends odieux à bien des gens, écrivoit-,, il à Olivier, par l'exactitude avec la-,, quelle je veille à ce qu'on n'envahisse ,, pas les deniers du Roi. On voit, a-,, vec un dépit amer, que les vols ne se ,, font plus impunément; que j'établis de ,, l'ordre dans la recette & dans la dé-,, pense; que je refuse de payer des dons ,, légèrement accordés, ou que j'en ren-,, voye le payement à des temps plus ,, heureux. Vous connoissez cette espe-

(40) Font. du Rég. des Fin. 1296.   (41) Lib. 3. Epist. 1.   (42) Ibid.

C 2

„ ce d'hommes qui nous vient de la
„ Cour, leur avidité, leur lâche effron-
„ terie. Que ferai-je ? Dois-je préférer
„ leur amitié deshonorante, à ce que me
„ prescrivent mes obligations envers le
„ le Roi, mon amour pour ma patrie ?
„ Eh bien donc ! qu'ils engloutissent
„ tout. Et le soldat sans paye ravagera
„ nos Provinces pour subsister , & l'on
„ foulera le peuple par de nouveaux im-
„ pôts ! Et tandis que j'emploie & mon
„ temps & mes veilles à éloigner ces
„ malheurs de dessus nos têtes, j'excite
„ contre moi un soulevement général.
„ Mais je méprise également & leur blâ-
„ me & leur estime; je veux la vôtre ,
„ & suis heureux si vous m'en jugez dig-
„ ne ".

Olivier tâchoit d'élever son ami au-
dessus des chagrins que lui attiroit sa
fermeté. Il l'exhortoit à se roidir contre les méchans, (43) à punir les brigan-
dages, à demeurer inaccessible à toutes
les séductions, & à ne jamais s'écarter
de la ligne droite de l'honnête. C'est
ainsi que ces deux hommes s'échauffoient
mutuellement de l'amour de la sagesse, &
croyoient n'avoir d'autre gloire à pré-

(43) Ibid.

tendre, que celle d'obtenir leur approbation réciproque.

La haine vigoureuſe que l'Hôpital portoit à tous ceux qui, pour un intérêt ſordide, pouvoient trahir leur devoir, l'entraîna dans une affaire étrangere aux obligations que lui impoſoit ſa charge, & qui lui fit de nouveaux ennemis.

Pendant le temps qu'il avoit été dans le Parlement, il avoit été révolté des concuſſions qu'il voyoit chaque jour ſe commettre dans ce Tribunal; de l'indécence avec laquelle les Juges recherchoient les procès où ils pouvoient trouver des profits plus conſidérables; de l'injuſtice & de l'avidité qu'on portoit dans la taxation des fraix. ,, Il eſt impoſſible, diſoit-,, il, (44) d'aſſouvir cette ardeur d'amaſ-,, ſer, qui dévore nos Tribunaux, & que ,, nul reſpect humain, nulle pudeur, nulle ,, crainte des Loix ne peut refréner ". On ne pouvoit remédier à ces déſordres, qu'en établiſſant une loi qui eût ſupprimé les Epices, & augmenté les honoraires des Juges. Aujourd'hui même encore, pluſieurs grands Magiſtrats croient qu'il feroit de la dignité de leur état, d'établir cette ſuppreſſion, & voyent avec

(44) Epiſt. p. 15. 16. 91. 99. 159. 176. 179.

chagrin le fruit d'un travail auſſi ſacré que
le leur, apprécié par un vil intérêt, &
entrer dans une balance où le produit de
la vertu ſemble être compenſé par l'or.

La Cour eût été obligée, en donnant
ce Réglement, d'augmenter les honoraires des Juges, & ne s'y feroit jamais déterminée, ſi cet établiſſement ne lui eût
paru pouvoir faciliter l'exécution d'un
projet, dont la réuſſite devoit la dédom-
mager de la perte qu'elle croyoit faire par
l'augmentation des gages.

Quelque bornée que fût l'autorité du
Parlement dans les affaires où ce Corps a
le droit de ſe mettre entre le Prince &
la Nation, pour éclairer & ſoutenir leurs
droits reſpectifs ; le pouvoir des Magiſtrats gênoit encore les Miniſtres, que du
moins on faiſoit quelquefois rougir de
leurs injuſtices. On propoſa donc au Roi
de partager le Parlement en deux Corps,
dont chacun exerceroit ſes fonctions pendant ſix mois de l'année. On fit ſentir
au Roi qu'en compoſant un de ces Séme-
ſtres de Magiſtrats dévoués & vendus aux
volontés de la Cour, elle feroit déſormais
enregiſtrer, ſans éprouver de contradic-
tions, tous les Edits qu'elle voudroit envoyer. (45)   Mais pour ne pas préſenter

(45) De Thou. Tom. 1.

au Public ce projet fous une face qui pût l'effrayer, on publia que le Roi n'avoit deffein de partager ainfi le Parlement, qu'afin que les Magiftrats euffent le temps de fe délaffer de leurs fatigues, & puffent remplir avec plus d'exactitude les devoirs de leurs charges ; qu'au refte la Cour prenoit tant d'intérêt à ce qui pouvoit être de quelque avantage aux peuples, qu'elle étoit déterminée à fupprimer les Épices & à augmenter les honoraires des Juges, pour ne plus leur laiffer appercevoir d'autre prix de leurs travaux , que la gloire & la confidération qu'ils fçauroient s'acquérir.

Cette fauffe générofité coûtoit beaucoup, dans un temps où le Tréfor Royal étoit épuifé ; & pour que cette augmentation des honoraires ne lui fût point trop pefante, on créa de nouvelles charges , on les vendit, & la finance en fut deftinée à payer les gages des premieres années. On pénétra cependant les arrieres-vues du Confeil ; tous les bons citoyens furent confternés , en fe voyant priver d'une des reffources qui leur reftoient encore, contre les abus qu'on pouvoit faire de la puiffance du Prince. Le Parlement fit inutilement fes Remontrances.

XII. Il prend la défense de l'Edit des Sé-
meſtres, & de la ſuppreſſion des Epices.

L'Hôpital auroit dû ſentir que la ſuppreſſion des Epices, n'étoit qu'un moyen
adroit de faire paſſer, à la faveur d'une
loi ſalutaire, un autre établiſſement qui
détruiſoit néceſſairement tout le pouvoir
d'une Compagnie aſſez reſpectable, pour
contenir encore les excès des Courtiſans.
Mais il avoit été ſi vivement frappé des
déſordres qu'il avoit trouvés dans l'adminiſtration de la Juſtice, qu'il crut que
tout devoit céder au beſoin preſſant où
l'on étoit d'y apporter de prompts remedes. Peut-être auſſi jugea-t-il, que le
Parlement n'étant pas aſſez puiſſant pour
s'oppoſer jamais avec ſuccès aux caprices
ou aux volontés du Miniſtere, il falloit
abandonner aux Aſſemblées des Etats, le
ſoin de défendre les grands intérêts de la
Nation, & qu'on devoit ſacrifier des prétentions qui lui paroiſſoient frivoles, à
l'avantage de faire renaître dans les Tribunaux, les vertus qui devroient être in-
ſéparables de la Magiſtrature. Il appuya
l'Edit, & répondit aux Remontrances du
Parlement.

Tous ſes ennemis, & les Magiſtrats

qui fe trouverent fenfibles à la fuppreffion des Epices, faifirent l'avantage qu'il leur donnoit fur lui, pour femer avec addreffe les bruits qui pouvoient le plus obfcurcir fa réputation ; & ils lui imputerent d'avoir facrifié fa vertu à l'efpérance d'une fortune plus éclatanté. (46) Cette calomnie le pénétra de la douleur la plus amere. „ On a renouvellé, écrit-il à Oli-
„ vier, une ancienne Loi, qui fupprime
„ les Epices, dont on veut que je fois
„ l'Auteur ; ce qui m'expofe aux traits
„ les plus cruels de la méchanceté. Je ne
„ puis m'attribuer l'honneur d'avoir le
„ premier propofé d'établir un Régle-
„ ment auffi fage. Je n'ai fait qu'ap-
„ prouver l'exécution d'un projet par
„ lequel on vouloit rendre à la Juftice le
„ luftre & l'éclat, qui doivent toujours
„ l'accompagner. La perte d'un gain auffi
„ odieux a irrité tous les efprits, & me
„ rend l'objet de la calomnie la plus noi-
„ re. Les honnêtes-gens mêmes fe lais-
„ fent entraîner, & leur voix, pour
„ m'accabler, fe joint aux cris de quel-
„ ques hommes deshonorés, que défes-
„ pere l'impoffibilité où ils font actuel-
„ lement de continuer le trafic infâme

(46) Lib. 3. Epift. 1, & 2.

,, qu'ils faisoient de la Justice. Mes
,, mœurs, & toute ma conduite, n'ont
,, pu parler assez haut en ma faveur, pour
,, repousser leurs lâches traits. Qu'une
,, vile complaisance pour les Grands, ou
,, que des haines particulieres aient pu
,, déterminer mes démarches, je vous en
,, prends à témoins, vous tous, avec
,, qui j'ai exercé les emplois que vous
,, remplissez aujourd'hui. Jamais ces hon-
,, teux motifs ont-ils rien pu sur moi? Et
,, cependant l'on cherche à jetter le dé-
,, sespoir dans mon cœur, à me donner
,, de l'horreur pour la vie.''

Olivier avoit une opinion trop haute de
Michel de l'Hôpital, pour croire qu'on
pût, avec raison, jetter sur les principes
de sa conduite des soupçons qui lui fussent
injurieux; mais il pouvoit ne pas approuver le parti qu'il avoit embrassé; & il
semble même, dans sa réponse, éviter
de s'expliquer ouvertement sur l'Edit des
Sémestres.

Cependant (47) le partage du Parlement ne put long-temps subsister: la finance des nouveaux emplois ayant été
bientôt dissipée, la Cour se trouva em-
barrassée de l'augmentation des honorai-

(47) De Thou, ibid.

res. Le peuple, qu'on avoit éclairé fur
fes véritables intérêts, fe plaignit hautement de la violence dont on avoit ufé
contre le Parlement, & le Roi qui n'a-
voit confenti à l'établiffement des Séme-
ftres que par foibleffe, par foibleffe auffi
confentit à l'abolir, & remit au bout de
trois ans les chofes dans leur premier
état.

XIII. Sa pauvreté & fon défintéreffement engagent le Roi à doter fa fille.

L'Hôpital en fe faifant rédouter dans fa
charge de Sur-Intendant des Finances,
donnoit une exemple éclatant de ce mépris des richeffes, qu'il regardoit comme
la bafe de toutes les vertus. Quoiqu'il
eût été près de douze ans dans le Parlement, (48) cinq à fix autres années dans
la place qu'il occupoit alors, qu'il eût toujours vécu dans la plus auftere frugalité, fa fortune étoit fi bornée, que fouvent il étoit obligé d'avoir recours à fes
amis, pour fe procurer les chofes les plus
néceffaires à la vie. Cette honorable pauvreté, qu'il conferva toujours, ne lui

(48) Brantôme. Vie du Connêtable de Montmorenci. Lib. 3. Ep. 4.

parut fâcheufe que dans le moment où il
voulut marier fa fille.   Le Roi lui avoit
publiquement promis de la doter ; mais
ce bienfait tardoit à venir.   Marguerite
de Valois voulut encore que l'Hôpital le
lui dût : elle le follicita elle-même auprès
du Roi, qu'elle détermina enfin à remplir fa promeffe.   Des incidens particuliers rendirent cette grace difficile à obtenir : il y a lieu de croire qu'elle con-
fifta en une charge de Maître des Requêtes , qui fut affurée à celui qui époufe-
roit la fille de l'Hôpital.   Il la donna à
Robert Hurault , Seigneur de Belesbat ,
Confeiller au Grand - Confeil.

XIV. *Il eft fait Chancelier de la Ducheffe*
de Savoye.

Le Roi Henri II. étant mort le 10 Juillet 1559. les Guifes furent mis à la tête
du Gouvernement. fous François II. fon
fils aîné.   Le Cardinal de Lorraine, pour
donner une haute idée de fon adminiftration, rappella Olivier de fa retraite, (49)
& fit entrer l'Hôpital dans le Confeil
d'Etat.   Mais à peine celui-ci fut-il réu-

(49) De Thou. Lib. 24.

ni à son ami, qu'il s'en vit séparé pour
toujours. Par le Traité de paix du Câ-
teau-Cambresis, Henri II. avoit donné sa
sœur Marguerite de Valois en mariage à
Philibert Duc de Savoye; & aussi-tôt que
François II. fut sur le Trône, cette Prin-
cesse fut obligée de se rendre dans les
Etats de son mari. Elle voulut emmener
avec elle l'Hôpital, qu'elle nomma son
Chancelier, & qu'elle fit charger par le
Roi de la conduire au Duc de Savoye.
Mais à peine eut-il passé six mois près de
sa Bienfaictrice, qu'il se vit rappeller en
France, où les affaires étoient dans un
bouleversement général; & où l'on espéroit remédier au mal, en l'élevant à la
place de Chancelier, vacante par la mort
d'Olivier. *

Fin du Livre premier.

* François Olivier mourut à Amboise le 30
Mars 1560,

VIE

DE

MICHEL DE L'HÔPITAL,

CHANCELIER DE FRANCE.

✳✳✳✳✳✳✳✳✳✳✳✳✳✳✳✳✳✳✳✳✳✳✳✳✳

LIVRE SECOND.

I. Etat de la France & de la Cour, en 1559, & 1560.

PENDANT que l'Hôpital étoit à Nice, la France se voyoit enfin parvenue au terme fatal où devoient éclater les révolutions dont elle étoit menacée depuis long-temps. Le contraste formé par les mœurs des Ministres de la nouvelle Religion, & par celle de la plûpart des Membres du Clergé, avoit ouvert les yeux sur les abus qui s'étoient introduits dans l'Eglise. On voyoit d'un côté des hommes dont la piété, les lumieres & la vertu rappelloient l'idée des premiers siecles de l'Evangile ; & de l'autre, des Evê-

ques uniquement occupés du foin d'accu-
muler des richeffes, des Moines & des
Prêtres également ignorans, avares, débauchés. Une partie du peuple trop peu
inftruite pour diftinguer les chofes fur lesquelles la Religion défend de porter une
main profane, de celles que l'intérêt
même de cette Religion, & le refpect
qui lui eft dû, demandoient qu'on refor-
mât, crut devoir fuivre le parti qui lui
offroit le fpectacle de la fageffe & de la
piété; & les Novateurs, fous ces belles
apparences, firent par tout des profé-
lites.

François I. & Henri II. par une fauffe
politique que condamne même la Religion, voulurent oppofer des moyens violens aux progrès des erreurs. On brûla
les Hérétiques, & la perfécution produi-
fit fon effet ordinaire; ils fe multiplie-
rent, leurs opinions fe glifferent par
tout, pénétrerent jufques dans la Cour
même, où des Grands & des Princes, a-
près les avoir adoptées, s'en déclarerent
les protecteurs. Les efprits alors s'é-
chaufferent, le fanatifme s'alluma dans
tous les cœurs: on ne fe connut plus que
fous les noms odieux de Papiftes & de
Huguenots. Bientôt les Prétendus-Réformés perdirent de leur premiere vertu,

qui ne leur parut plus si néceffaire au fuccès de leur caufe; & des hommes puis-
fans fongerent à jetter les fondemens de
leur fortune fur l'aveugle fureur des peuples.

Henri II. mourut dans cet inftant de
crife, & eut pour fucceffeur un jeune
Prince *François* II. âgé de feize ans, fans
talens, fans caractere; & les rênes du
Gouvernement tomberent entre les mains
de Catherine de Médicis fa mere, femme
incapable de rendre fon autorité refpectable à deux partis qu'il falloit également
contenir.   Catherine avoit un amour ef-
fréné de la domination; mais cette foif
de regner, qui femble devoir donner à
l'ame de la force & du courage, s'allioit
en elle à une lâche timidité, qui, en lui
ôtant les grands côtés de l'ambition, ne
lui en laiffoit que les rufes & la noirceur.
Ce fentiment intérieur de fa propre foibleffe, qu'on peut vouloir fe déguifer,
mais dont on ne triomphe jamais, pro-
duifit en elle une inconféquence & une
incertitude perpétuelle, qui ne lui permi-
rent jamais de prendre un parti fage, ou
de fuivre celui-même qu'elle avoit une
fois embraffé.   Défiante & crédule, foible & cruelle, elle parut à chaque occafion, à chaque inftant, changer de caractere,

ractere, parce qu'elle ne pouvoit en a-
voir un.

Sans aimer les Catholiques, elle fe fentoit de l'éloignement pour les Protestans, qu'on lui avoit toujours repréfen-
tés comme des éfprits inquiets, ama-
teurs des nouveautés en politique comme en Religion, & perturbateurs du repos public. Ils lui parurent d'autant
plus à craindre, qu'ils avoient à leur tête Antoine de Bourbon Roi de Navarre,
& le Prince de Condé, premiers Princes du
Sang, dont les prétentions l'effrayoient.
Ne fe fentant pas affez forte pour con-
trebalancer feule les efforts qu'ils feroient
pour s'emparer des affaires, elle réfolut de leur oppofer deux autres Princes
de la Maifon de Lorraine, illuftres par
l'éclat de leur naiffance & de la faveur
dont ils avoient joui fous le dernier Regne, ennemis déclarés de la nouvelle Religion. Elle crut pouvoir les élever aux
premieres places avec d'autant moins de
rifque, que fon choix feul faifoit tout
leur titre pour y monter; & elle ne dou-
toit pas qu'elle ne pût toujours les en
faire defcendre, auffi-tôt qu'ils cefle-
roient de refpeéter la main qui les y auroit portés.

Le Duc de Guife & le Cardinal de Lor-

D

raine profitent de cette fécurité, flat-
terent avec adreffe fes paffions, fçurent
s'attirer toute fa confiance en augmen-
tant fes inquiétudes, & devinrent les dé-
pofitaires de fon autorité. Alors ils donnent des dégoûts, & bientôt font effuyer
des affronts au Roi de Navarre, homme
foible & craintif. Ils éloignent de la
Cour, fous le prétexte d'une Ambaffade
néceffaire au bien public, le Prince de
Condé, défefpéré de la molleffe de fon
frere. Ils en chaffent même le Connétable de Montmorenci, Catholique zèlé,
mais que fes grandes Charges, & l'autorité qui lui avoit été confiée pendant
le dernier Regne, leur rendoient redoutable. Enfin ils fubjuguent l'efprit
du jeune Monarque par leur Niece, la
belle Marie Stuart, Reine regnante ; &
pour fe rendre néceffaires à ce Prince,
ainfi qu'à fa Mere, ils embaraffent toutes les affaires, jettent le trouble dans
tout le Royaume ; & par le renouvelle-
ment des perfécutions, & les efpérances
qu'ils donnent aux Catholiques d'exterminer tous les Proteftans, ils fçavent intéreffer la plus grande partie de la Nation
au maintien de leur fortune & à l'augmentation de leur pouvoir.

Les Prétendus-Réformés trop puiffans

alors pour fe tenir tranquilles, crurent
devoir oppofer la force à la violence, &
formerent le projet d'aller à la Cour enlever leurs Tyrans, fous les yeux du Roi
même qui étoit à Blois, & de faire donner aux Princes du Sang une autorité qui
fembloit plutôt leur devoir être confiée
qu'à ceux qui en étoient revêtus. Le
Prince de Condé, qui, fans paroître entrer dans la confpiration, en étoit un des
moteurs fecrets, attendit, pour fe déclarer, qu'il eût vu frapper les premiers
coups ; mais l'entreprife tarda trop, &
fut découverte au moment de l'exécution.
Le défefpoir de ce mauvais fuccès accrut
la haine des Proteftans contre les Guifes,
dont l'autorité n'en devint que plus grande. Le Roi épouvanté de la hardieffe
des Rébelles, donna au Duc de Guife
une puiffance énorme, en lui conférant
le titre de Lieutenant-Général du Royaume. Les Princes Lorrains voulurent (50)
impliquer dans la conjuration le Prince
de Condé, & l'Amiral de Coligni que
l'on citoit déja comme le héros du parti
réformé ; mais s'ils ne purent alors y
réuffir, ils jouirent pleinement d'ailleurs
de l'affreux plaifir de la vengeance, le
fang ruiffela de tous côtés.

(50) Mém. de Condé, T. 1. p. 342.

Ce fût dans ces circonftances que mourut le Chancelier Olivier. Ce Magiftrat avoit vécu trop long-tems pour fa gloire ; & fes derniers jours font un trifte témoignage de la fragilité des vertus humaines. Depuis fon rappel , on cherchoit vainement en lui cette générofité , cette vigueur de fentimens, dont il avoit donné des exemples éclatans. Baffement affervi aux volontés des Princes Lorrains, il devint un des plus honteux appuis de leur tyrannie ; & il finit enfin par la mort la plus terrible , il expira déchiré de remords. (1560.)

II. *Il eft fait Chanc. de France.*

Les Guifes voulurent élever à fa place un homme qui put feconder leurs projets. Ils propoferent au Roi d'y nommer Morvilliers, Évêque d'Orléans, une de leurs créatures ; mais celui-ci fut affez fage , pour trouver trop péfant le fardeau dont on vouloit le charger , & pour refufer un honneur , (51) dont il ne le jugeoit pas digne. La Reine Mere qui voyoit avec un défefpoir feeret, que ces mêmes hommes dont elle

_____

(51) De Thou, l. 24.

n'avoit cru fe fervir que comme d'ins-
trumens propres à établir fon autorité, avoient eu l'art de l'ufurper, eût
voulu trouver dans le nouveau Chancelier, un Magiftrat affez habile pour
ramener à elle le pouvoir dont elle s'é-
toit laiffé dépouiller. Jacqueline de Long-
wic, Ducheffe de Montpenfier, à qui
elle confioit fes projets & fes inquiétudes, lui repréfenta, que ce qui pouvoit lui arriver de plus avantageux, étoit
de voir dans cette place un homme affez ifolé, pour ne paroître pas redoutable aux Guifes, & affez vertueux pour
fe croire obligé de s'oppofer à ces Princes par attachement à fon devoir. Elle jugea que l'Hôpital, qu'elle avoit
connu chez Marguerite de Valois, convenoit à toutes ces vues, & elle détermina Catherine de Médicis à preffer le
Roi de le nommer fon Chancelier. (52)
Les Princes Lorrains y donnèrent leur
aveu, perfuadés que la reconnoiffance
que devoit l'Hôpital au Cardinal qui l'a-
voit honoré de fes bontés, que leur faveur qu'il voudroit rechercher, & leur
inimitié qu'il redouteroit, feroient des

(52) Ibid. Davila, L. 3. Mém. du tems.

motifs assez puissans pour le faire plier sous leurs volontés. La Reine Mere instruisit aussi-tôt la Duchesse de Savoye, du choix qu'elle avoit fait de son Chancelier, la pria de ne point apporter d'obstacles à ce qu'elle désiroit, & d'engager elle-même, s'il le falloit, l'Hôpital à quitter la Cour de Savoye, pour venir consacrer au service de sa patrie ses talens & sa vertu.

Cependant Catherine, toujours timide & soupçonneuse, craignit encore de s'être trompée dans le choix qu'elle avoit fait, & presque toute la France avec elle étoit inquiete du parti que l'Hôpital embrasseroit, & de la conduite qu'il alloit tenir. Les Catholiques n'imaginoient pas que les Princes Lorrains eussent pu consentir à son élévation, s'ils n'eussent pris avec lui des engagemens qui leur répondissent des principes qu'il apporteroit dans sa place. Les Protestans en étoient allarmés. Les Parlemens se rappelloient avec chagrin les soupçons qu'on avoit jetté sur les motifs qui avoient pu l'obliger à soutenir l'Edit des Sémestres. Et les gens sages étoient curieux & impatiens de voir le rôle que pourroit jouer un Philosophe placé au milieu d'une Cour où le fanatisme &

l'ambition produifoient chaque jour de nouveaux crimes.

III. Il empêche adroitement qu'on établiffe l'Inquifition en France.

A peine l'Hôpital fut-il arrivé, & revêtu de fa nouvelle dignité, qu'un événement de la plus grande importance pour toute la Nation, l'obligea de prendre un parti. Le Cardinal de Lorraine dans les dernieres années du regne de Henri II. s'étoit rencontré à Arras avec Granvelle, Miniftre du Roi d'Efpagne, qui voyoit avec inquiétude les Proteftans fe multiplier en France, & devenir affez puiffans, pour foutenir un jour en Flandre les Sectateurs des nouvelles opinions, dont la Cour de Madrid s'étoit déclarée l'ennemie implacable. Granvelle crut qu'il feroit une chofe agréable à fon Maître, s'il pouvoit introduire en France le Tribunal de l'Inquifition. Il en voulut infpirer le deffein au Cardinal de Lorraine; il le perfuada d'autant plus aifément, qu'il flatta fon ambition. Par le plan de Granvelle, (53) le

(53) De Thou. l. 15. Mém. de l'Et. Rel. & Rép. p. 361.

Cardinal revêtu du double pouvoir du nouveau Tribunal, s'attachoit invinciblement les Catholiques, s'enrichissoit à son gré des dépouilles des Novateurs, & exerçoit sur toute la Nation un empire aussi absolu qu'inébranlable. Le Pape se joignit au Ministre Espagnol, & ils travaillerent de concert à échauffer l'imagination du Cardinal, qui leur promit de profiter du premier événement qui pourroit faciliter l'exécution de ce dessein.

Il crut le moment arrivé, lorsqu'après la mort de Henri II. il se vit, avec son Frére, maître absolu des affaires, & que la conjuration d'Amboise paroissoit avoir assez irrité les Catholiques, pour les aveugler sur leurs propres intérêts. Il fit donner un Edit, où le Roi disoit, que ne voulant pas ensanglanter les commencemens de son regne, il aimoit mieux, à l'exemple du Pere Céleste, pardonner à ses Sujets rébelles, & qu'il vouloit bien leur donner une amnistie générale, s'ils consentoient à rentrer dans le sein de l'Eglise Romaine. Il n'étoit pas difficile de faire reconnoître au Roi & à son Conseil qu'on espéroit vainement tirer quelque avantage de cet Edit, si l'on négligeoit de prendre en même-tems d'autres mesures pour obliger les Protestans d'ab-

jurer leurs erreurs. Le Cardinal effraya
ce Prince par une peinture des guerres
civiles que leur défobéiffance occafionne-
roit, & il lui perfuada qu'en établiffant
un Tribunal où l'on inftruiroit le procès
des Religionnaires, (54) on détruiroit
infailliblement le mal. Il voyoit bien, à
la vérité, ajoutoit-il, que le mot d'Inquifition que les Sectaires ne manque-
roient pas de donner à cette nouvelle Jurifdiction, pourroit faire quelque impres-
fion fur les efprits; mais le tems & le
feu, pourfuivoit-il, feront tout rentrer
dans le devoir.

Le Cardinal avoit fait approuver fon
projet par le Confeil: (55) & fes émis-
faires publioient déja par fon ordre, que
les Proteftans feroient punis comme le
portoit l'Edit, s'ils s'opiniâtroient à foutenir leurs opinions; mais que le droit
de prononcer fur les crimes d'Héréfie ap-
partenant à l'Eglife, ils ne pouvoient
être jugés que par un Tribunal Eccléfiaftique. Ce malheureux projet alloit
réuffir, & l'Inquifition auroit été éta-
blie, fi l'Hôpital n'eût donné l'Edit de
Romorantin. Cette Loi attribuoit la

(54) Ibid.
(55) Chofes mém. p. 99. La Pop. L. 6.

connoiffance du crime d'Héréfie à l'Evêque ; & par ce Réglement, qui paroiffoit favorifer l'autorité du Clergé, il
oppofoit un obftacle infurmontable aux
deffeins des Guifes. L'Hôpital cependant fembloit leur accorder tout ce qu'ils
demandoient pour la converfion des Hérétiques : ils vouloient qu'ils fuffent punis, l'Edit créoit des Juges ; ils demandoient une puiffance Eccléfiaftique, on
en établiffoit une. Mais ce n'étoit plus
pour le Cardinal de Lorraine, le trône
du haut duquel il fe promettoit de tout
affervir : ce n'étoit plus l'Inquifition.

L'Hôpital fentoit bien que l'Edit qu'il
avoit fait donner, attaquoit les anciennes
maximes du Gouvernement ; mais il jugea
que dans des tems difficiles il étoit pru-
dent de céder aux circonftances ; que faire
un petit mal, eft quelquefois un très-
grand bien ; & que la fituation forcée
dans laquelle étoit l'Etat, améneroit néceffairement quelque nouvel événement,
qui le mettroit un jour à portée d'abolir
l'Edit qu'il venoit de faire donner ; tandis que le Tribunal qu'on vouloit établir,
eût peut-être duré autant que la Religion
même.

IV. *Il va au Parlement : son Discours.*

Le Parlement, ignorant les motifs qui avoient fait agir le Chancelier, refusa d'enrégistrer un Edit qui détruisoit ses droits, & décida qu'on présenteroit au Roi des Remontrances. L'Hôpital crut devoir aller au Parlement, pour engager les Magistrats à se soumettre aux volontés du Souverain. Il fut accompagné de Charles de Marillac, Archevêque de Vienne, de Jean d'Avanson, & de la plûpart des Maîtres des Requêtes.

Il dit en commençant son Discours, qu'il éprouvoit une vive satisfaction en se retrouvant dans une Compagnie, dans laquelle il s'étoit vu autrefois, & qu'il se tiendroit heureux, s'il pouvoit faire servir l'autorité qu'on lui avoit confiée, à augmenter l'éclat & la dignité d'un Corps si respectable. Interrompu d'abord par de longs applaudissemens, il reprit la parole, & s'attacha à démontrer l'impossibilité où étoit le Roi de diminuer les impôts dans le moment actuel, par l'épuisement où se trouvoient les finances. Ensuite il parla de l'Edit de Romorantin, & sans dévoiler les vues secrettes & la politique qui l'avoit dicté, il effaya de faire entendre qu'il n'avoit pour but, que de rallentir le feu des perfécutions. Il ajouta, que le Roi commençant à fe laffer d'employer inutilement de violens remedes pour extirper l'Héréfie de fes Etats, vouloit attendre d'un Concile les moyens de travailler avec fuccès à ce grand ouvrage: que dans le moment préfent tous fes foins alloient tendre à faire renaître en fon Royaume les vertus & les mœurs anciennes.

„ Tous les Ordres font corrompus,
„ pourfuivit le Chancelier, (56) Le peu-
„ ple eft mal inftruit ; on ne lui parle
„ que de dixmes & d'offrandes, rien des
„ bonnes mœurs ; chacun veut voir fa
„ Religion approuvée, celle des autres
„ perfécutée: Voilà la piété. Les Rois
„ François I. Henri II. & celui-ci,
„ voyant les erreurs pulluler ; ont fait
„ comme à farcler des bleds ; mais à
„ préfent il fe trouve autant de mauvai-
„ fes herbes que d'épis, partant faut les
„ laiffer croître. D'ailleurs les opinions
„ fe muent par prieres & par raifons.
„ Seroit à défirer que les gens d'Eglife,
„ qui crient toujours *haro*, bien qu'il y

(56) De Thou, ib. Mém. de Cond. T. 1. p. 543.

„ ait plus de *haro* à crier fur eux, fui-
„ viffent ce chemin ; ils profiteroient
„ davantage. Il y a d'énormes abus par-
„ tout, principalement dans les Tribu-
„ naux de Juftice, moins dans ce Parle-
„ ment que dans les autres. Cependant
„ les Magiftrats ici ne font pas à l'abri
„ de tous reproches : ils font hommes.
„ Le Roi voudroit cependant qu'on pu-
„ nît févérement les crimes d'avarice &
„ d'ambition. Cent francs de gain au
„ bout d'un an, font perdre pour cent
„ mille écus de réputation....

L'Hôpital enfuite parla de l'attention
avec laquelle le Prince vouloit qu'on
veillât fur la Police de la Capitale, de
l'ordre qu'il falloit apporter dans les Jugemens des procès. Il dit plufieurs chofes qui fembloient annoncer une réforme dans les Tribunaux de Juftice ; &
il finit par leur recommander l'efprit de
paix & d'union.

Après que le premier Préfident le
Maître eut répondu à ce Difcours, on
publia plufieurs Edits que le Chancelier
avoit apportés. Par le premier il étoit
ordonné aux Evêques de réfider dans
leurs Diocèfes, fous peine de faifie de
leurs revenus & de leurs meubles. Un
fecond Edit enjoignoit auffi la réfiden-

ce aux Gouverneurs des Provinces, Sé-
néchaux, Baillifs, & à tous les Officiers
chargés de veiller à la tranquillité publique (57) ; & il leur défendoit, fous
des peines féveres, de commettre les
plus légeres vexations fur le peuple.

Cependant le Parlement ne voulut
point encore recevoir l'Edit de Romorantin (58), & ce ne fut que fur des
Lettres de Juffion qu'il l'enrégiftra.

Comme le projet d'établir l'Inquifition
avoit été tramé & conduit dans un profond fecret, la conduite de l'Hôpital,
dont les vues étoient ignorées du public,
parut d'autant plus inexplicable, qu'elle
fembloit choquer ouvertement fes principes ; & les Proteftans crurent d'abord,
qu'à l'exemple de fon prédéceffeur, il
avoit facrifié, à la faveur des Princes
Lorrains, fa réputation & fes devoirs.
Mais lorfqu'on eût pénétré fes motifs,
il fut approuvé de tous les bons Citoyens, qui admirerent la fimplicité des
moyens dont il s'étoit fervi pour ruiner
les deffeins des Guifes. La confiance
que la Reine Mere prit en lui, & la
confidération qu'il fçut s'attirer, lui don-

(57) Thou. L. 25. Mém. Cond. T. 1. Mém. de
l'Et. & Rep. 517. La Pop. L. 6.
(58) Mém. de Condé.

nerent dès ce moment une grande autorité.

*VI. Il se déclare pour le parti qui étoit op-
posé à la persécution des Hérétiques.*

On vit alors se former dans l'Etat un
troisieme parti, qui, sans renoncer aux
Dogmes des Catholiques, paroissoit approuver la plûpart des changemens que
les Protestans avoient apportés dans la
discipline Eccléfiastique. Ce parti, qu'on
auroit pu nommer celui des tolérans,
établissoit pour principes, qu'il n'appartient qu'à Dieu de juger de ce qui est
au fond des cœurs ; que c'est lui qui doit
punir les Hérétiques & récompenser les
Fideles ; que les Citoyens d'un Etat,
lorsqu'ils obéissent aux Loix, & rem-
plissent leurs devoirs envers la patrie &
leurs semblables, ont tous un droit égal
aux avantages que la société civile peut
leur procurer ; qu'elle ne doit reconnoître pour ennemis que ceux qui en veulent troubler l'ordre ; qu'elle doit également honorer le Catholique & le Protestant vertueux, & châtier l'un ou l'autre, s'il est méchant ; que cet esprit
d'intolérance, qui nous fait voir avec
horreur des hommes attachés à d'autres

opinions que les nôtres, eft un principe deftructeur de toutes les vertus; &
que cependant comme il feroit à défirer que des Citoyens n'euffent entr'eux
aucuns motifs de divifion, il falloit,
pour ramener les Hérétiques dans le fein
de l'Eglife, employer la charité, la patience, & la priere, les feules armes
que le divin Inftituteur de la Religion
avoit voulu mettre en ufage pour attirer à lui les Nations Infideles.

On vit en peu de tems s'attacher à
ce parti, des Prélats célebres par leur
fçavoir & leur piété, de fages Théologiens & de vertueux Magiftrats. Marillac Archevêque de Vienne, Monluc E-
vêque de Valence, & le fage d'Efpen-
fe, en étoient, avec le Chancelier, les
principaux appuis. Quelques difficultés
qu'ils duffent trouver à faire paffer leurs
fentimens dans des cœurs agités par des
paffions violentes, ou corrompus par
des vues d'intérêt, ils furent affez heureux pour voir leurs opinions faire des
progrès rapides. On s'en apperçut bientôt à la Cour. L'Ambaffadeur d'Efpagne écrivoit à fon Maître que le Miniftere de France paroiffoit (59) vouloir
chan-

_____

(59) **Add.** de le Lab. l. 2.

changer de principes fur la conduite
qu'il avoit à tenir avec les Proteftans;
& que la Reine Mere prêtoit l'oreille à
des difcours dangereux; qu'il étoit déja
même informé que dans les Provinces
on traitoit avec moins de rigueur les Réformés. Effectivement, le Chancelier
mandoit à tous les Magiftrats qui lui répondoient directement de leur conduite,
de s'oppofer aux perfécutions, de faire
obferver la paix, de punir févérement
ceux qui oferoient la troubler, & de ne
rien négliger de tout ce qui pourroit établir la fûreté du Citoyen.

VI. *Pour remédier aux maux de l'Etat,*
il fait tenir une affemblée des Grands du
Royaume.

Mais de quelque fuccès que fes foins
fuffent fuivis, l'Hôpital jugea qu'ils ne
pouvoient procurer à l'Etat que des a-
vantages paffagers, & que le remede é-
toit foible pour le mal dont le Royaume
étoit affligé. Il eût fallut attaquer ouvertement la tyrannie des Princes Lorrains,
faire prendre s'il étoit poffible, au Gouvernement une forme conftante; établir
des Loix qui puffent réfréner les paffions,
contenir les ambitieux, & porter le cal-

E

me dans les esprits. Une assemblée des
Etats du Royaume qui se fût conduite
avec la sagesse & la fermeté, dignes
des représentans d'une grande Nation,
auroit pu seule produire ces événemens.
Tous les bons Citoyens en désiroient la
convocation : (60) le Chancelier la solli-
cita auprès du Roi ; mais les Princes Lorrains s'y opposerent & représenterent au
jeune Monarque les Etats - Généraux,
Comme une assemblée de séditieux, qui
oseroient se placer auprès du Trône,
qu'ils ne regarderoient en ce jour que
comme le Siege du premier Magistrat des
François ; & ils réussirent à effrayer François II. qui se déclara contre la tenue
des Etats.

L'Hôpital alors engagea la Reine Mere
(61) à demander au Roi une Assemblée
qui seroit composée des Grands & des
premiers Magistrats du Royaume, &
dans laquelle il se flatta de forcer les
Guises à consentir à la convocation des
Etats. Soit qu'ils craignissent moins cette
Assemblée, soit que le crédit de la Reine
Mere l'eût emporté sur les oppositions

(60) De Thou. I. 25. Mém. de Condé, Tom.
I. p. 549.
(61) Mém. de Cast. p. 49. Chof. Mém. 103.
Mém. du regn. de Fran. II.

qu'ils purent y former, elle fut indiquée à Fontainebleau, pour le 21. d'Août. (1560.) Le Chancelier prit toutes les mefures néceffaires pour n'y attirer que des Magiftrats qu'il fçavoit attachés à fon parti, & pour en éloigner ceux qui avoient la réputation d'être dévoués à la Maifon de Lorraine, ou de porter dans les matières de Religion un zele, & une chaleur, qui ne leur euffent pas permis d'entrer dans les vues des tolérans.

Le jour annoncé pour l'Affemblée étant arrivé, le Roi fe rendit dans l'appartement de la Reine Mere. Il fut fuivi des Princes Lorrains, du Cardinal de Bourbon, du Connétable de Montmorenci, du Chancelier, de l'Amiral de Coligni, & de tous ceux qui avoient été appellés à l'Affemblée. Le Roi expofa en peu de mots les motifs qui l'avoient engagé à les réunir, & il demanda des avis défintéreffés fur les affaires qui alloient être difcutées. Le Chancelier fit un Difcours dans lequel il s'étendit fur le mécontentement général de la Nation, qu'il préfenta comme une preuve de la néceffité abfolue qu'il y avoit de changer l'adminiftration. Le Duc de Guife & le Cardinal de Lorraine rendirent un compte vague, l'un de l'état des Troupes, l'autre de celui des Finances. L'Amiral de Coligni préfenta enfuite une Requête au Roi, (62) dans laquelle les Proteftans demandoient qu'il leur fût permis de tenir leurs Affemblées, & d'avoir des Prêches. On ouvrit alors les avis fur ces objets dont le Roi avoit demandé la difcuffion.

Monluc Evêque de Valence parla le premier : il fit un Difcours hardi, dans lequel il attaqua vivement les déréglemens du Clergé, les défordres des Papes, leur infenfibilité fur les malheurs de la Chrétienté, l'ambition des Grands qui fomentoient les troubles pour les faire fervir à leur intérêt particulier, la corruption générale de la Cour. (63) Il parla des perfécutions, fit voir qu'elles avoient toujours fortifié les Sectes, que l'humanité les condamnoit, & que l'Evangile les profcrivoit. Il établit fortement fes maximes de tolérance civile, & finit par demander avec beaucoup de fermeté, l'affemblée des Etats, la tenue d'un Synode National, & une furféance des fupplices jufqu'aux décifions du Concile. L'Archevêque de Vienne ouvrit enfuite fon avis, & appuya courageufement ce-

(62) De Thou, l. 25. Davil. l. 2.
(63) Mém. de Cond. T. 1. p. 563.

lui de l'Evêque de Valence, que foutint encore l'Amiral de Coligni.

Le Duc de Guife & le Cardinal de Lorraine furent étonnés de l'audace de leurs adverfaires ; ils les combattirent néanmoins avec chaleur , & déclamerent fur-tout contre la tenue d'un Synode National. Le premier déclara qu'un Concile général même ne pourroit pas le déterminer à rien changer dans fes principes de Religion , & que quant à la convocation des Etats, il approuveroit tout ce que le Roi décideroit fur cet l'objet. Le Cardinal fit un Difcours dans lequel il repréfenta les Calviniftes comme des féditieux qui fous le vain prétexte d'établir la liberté de confcience, ne vouloient qu'autorifer la licence, & s'affurer l'impunité de leurs crimes. Il s'étendit fur les dangers de la tenue d'un Synode, & parut confentir à celle des Etats, fi l'on jugeoit qu'elle pût être utile au bien des affaires. (64)

Tous les Courtifans opinerent d'après les Princes Lorrains , & tous les Magiftrats fe joignirent à l'Evêque de Vienne, qui eurent pour eux la pluralité des

(64) De Thou, l. 25. Mém. de Caft. 48. M. de Coll. T. 1. p. 378,

voix. L'Hôpital fit aussi-tôt publier un Edit par lequel la tenue des Etats étoit indiquée à Meaux pour le 10. de Décembre, & il étoit enjoint aux Evêques de s'assembler le 10 de Janvier dans une Ville que le Roi leur marqueroit, pour y délibérer sur la convocation d'un Synode National, & commencer à travailler à la réforme de la discipline Ecclésiastique. Ce même Edit, en conséquence de l'attente du Synode, suspendoit la punition des Sectaires, & le droit de connoître du crime d'Hérésie, que l'Hôpital s'étoit vu obligé d'accorder aux Evêques, par l'Edit de Romorantin.

VII.   *Il va en faire part au Parlement.*

Le Chancelier, accompagné de Marillac, & de Monluc, se rendit au Parlement pour l'instruire des résolutions qui avoient été prises dans l'Assemblée de Fontainebleau. (65) Après avoir parlé des avantages qu'on pouvoit se flatter de tirer de la convocation des Etats, & de celle du Concile National, il ajouta que le Roi voyoit avec douleur, que malgré le désir qu'il témoignoit de rendre

_____

(65) Mém. de Cond. T. 1. p. 174.

la paix à fes Etats, on trouvoit encore
des gens fans mœurs, fans principes,
qui, prétextant le bien de la Religion,
dont ils étoient en effet les plus cruels
ennemis, travailloient fans ceffe à aigrir,
à enflammer les efprits, à augmenter
les défordres ; que des Citoyens fi pernicieux méritoient une punition exem-
plaire : que le Roi chargeoit les Magiftrats de fon Parlement d'en faire d'e-
xactes recherches, & de s'occuper uniquement du foin de maintenir la tranquillité publique, que Sa Majefté les prioit
encore de donner au Peuple les exemples
de fageffe & de modération qu'on étoit
en droit d'attendre d'eux : qu'elle avoit
été affligée d'apprendre que plufieurs Confeillers au Parlement laiffoient quelquefois
échaper des difcours peu mefurés, capables de porter à la violence des efprits
déja trop échauffés.

L'Hôpital finit par leur dire, que le
Roi vouloit qu'un Juge de Robe-courte,
nommé Desjardins, rentrât dans l'exercice de fon Office, dont il avoit été privé
pour crime d'Héréfie : que cette conduite
de la Cour pouvoit les furprendre, mais
qu'elle étoit appuyée fur de bonnes raifons auxquelles il falloit fe foumettre.

Le premier Préfident répondit au Chancelier, que le Parlement reconnoissoit la prudence du Prince, & son amour pour ses Sujets. dans la résolution où il étoit d'assembler ses Etats, & de convoquer un Concile National : qu'il ne croyoit pas qu'on pût justement reprocher aux Membres de sa Compagnie de fomenter les troubles ; qu'ils regarderoient toujours comme leur premier devoir l'obligation où ils étoient de se conformer aux intentions du Roi & de faire exécuter sa volonté : que quant à la résolution qu'il paroissoit avoir prise sur Desjardins, le Parlement n'en pouvoit être que fort étonné ; que ce Magistrat étoit incapable, selon la teneur des Edits, de posséder sa Charge, & qu'il étoit inutile de publier des Loix, si la Cour avoit dessein qu'elles ne fussent pas observées.

L'Hôpital vit avec une douleur amere cette résistance du Parlement, qui annonçoit les nouveaux obstacles que ce Corps devoit apporter à l'exécution de ses projets. Il lui parut dangereux de se commettre avec des esprits qu'il jugea trop ardens ; & sans rien répondre au Discours du premier Président, il lui remit les Lettres-Patentes qui faisoient rentrer Desjardins dans l'exercice de son Office.

VIII. *Dispositions de la Cour de Rome, des Guises, des Protestans.*

La Cour de Rome fut très-mécontente du parti que l'on avoit pris en France, d'assembler un Synode National ; & le Pape Pie IV. conçut un chagrin violent de la nécessité où il se vit de convoquer un Concile général, afin de prévenir les suites fâcheuses que pourroit avoir pour son autorité la tenue d'un Synode National en France.

Trois ans après que le Concile qui avoit d'abord été assemblé à Trente, eût été transféré à Bologne, Jules III. avoit reconnu l'impossibilité de le continuer en Italie, sans risquer d'aliéner pour toujours du S. Siege la plus grande partie de la Chrétienté ; & sur les sollicitations de l'Empereur Charles-Quint, il avoit enfin consenti à le rétablir à Trente. Mais les Protestans avoient été révoltés de la Bulle d'indiction, dans laquelle le Pape prétendant avoir le droit de gouverner & de diriger les Conciles, annonçoit qu'il vouloit présider à Trente par ses Légats ; & exigeoit que sur le Dogme & la Discipline, on reçut les Décrets qui avoient

E 5

été formés dans les premieres Seffions de l'Affemblée des Peres.

L'Empereur, qui fe crut alors intéreffé à appaifer les Proteftans, leur promit de faire ufage de toute fa puiffance, pour forcer le Pape à tous les éclairciffemens qu'il feroit néceffaire de leur donner; & il étoit enfin parvenu à déterminer plufieurs de leurs Miniftres à fe rendre au Concile. Mais le Pape Jules, qui avoit fenti renaître toutes fes frayeurs, lorfqu'il vit que fes Légats alloient avoir à combattre directement les Proteftans, foutenus par Charles-Quint, avoit fufpendu le Concile, fous prétexte que les Peres n'étoient pas en fureté dans la ville de Trente, dont le pays alloit devenir le théâtre de la guerre.

Marcel II. fucceffeur de Jules, Pontife affez vertueux, pour facrifier une partie des prétentions de la Cour de Rome au bien général de l'Europe & de la Religion, vécut malheureufement trop peu, pour fuivre les projets qu'il avoit formés fur la réunion des Hérétiques à l'Eglife Romaine.

L'ambition infatiable de Paul IV. ne permit jamais d'en rien efpérer de raifonnable. ,, S'il y avoit une réforme à fai- ,, re, ce droit n'appartenoit qu'à lui

,, feul, difoit-il, & il fçauroit le faire
,, connoître aux Princes affez hardis pour
,, porter la main à l'encenfoir; il force-
,, roit les Rois de marcher à fes côtés,
,, & leur apprendroit que, comme Vi-
,, caire de Jéfus-Chrift, il avoit en lui
,, de quoi leur donner ou leur arracher
,, des Empires. S'il faut, ajoutoit-il,
,, mettre le feu aux quatre coins du
,, monde, j'y fuis déja réfolu, plutôt
,, que d'avilir le Pontificat."

Cette violence avoit irrité toute l'Europe, lorfque Pie IV. non moins jaloux
des droits, ou plutôt des prétentions de
fon Siege, mais moins véhément que
Paul, parvint à la Papauté. Il fit renaître l'efpérance de voir affembler un Concile, bien réfolu cependant d'en éloigner
toujours la convocation, s'il ne s'y voyoit forcé par les motifs les plus pres-
fans. Il n'apprit qu'avec indignation les
réfolutions qui avoient été prifes dans
l'Affemblée de Fontainebleau. ,, Eh !
,, quel eft donc votre Roi, (dit-il à
,, l'Ambaffadeur de France;) qui fe croit
,, en droit de prononcer fur les intérêts
,, du Ciel? Ce n'eft pas merveille s'il y
,, a tant de troubles en un Royaume où
,, l'on ofe attenter à mon autorité!" Il
crut cependant néceffaire, pour éviter

de plus grands malheurs, de publier la Bulle d'indiction pour la continuation du Concile; & il donna ordre au Cardinal de Tournon de se rendre en France, afin qu'il pût opposer quelques difficultés à la tenue d'un Synode National (66)

Les Princes Lorrains n'étoient pas moins inquiets que la Cour de Rome, sur les résolutions que l'Hôpital & son parti avoient fait prendre à Fontainebleau. Quoique les Etats ne se fussent jamais conduits en France de maniere à inspirer pour eux beaucoup d'estime ou de respect, l'Assemblée qu'on avoit convoquée pouvoit cependant, animée de l'esprit de parti, qui lui eut tenu lieu de vertu, attaquer l'administration des Guises & renverser leur fortune. Ceux-ci déterminerent le Roi à donner aux trois Ordres de l'Etat, Orléans pour Ville de réunion, (67) au lieu de Meaux où ils prétendirent que les Calvinistes étoient en assez grand nombre pour faire craindre qu'ils ne voulussent se rendre les maîtres de l'Assemblée. Ensuite on ramassa des Troupes, sous prétexte de donner au Roi une Garde convenable à sa Dignité,

(66) Add. de le Lab. l. 2.
(67) Mém. de Cast. p. 21.

dans un auſſi grand jour. On prit toutes les meſures poſſibles, pour n'admettre dans l'Aſſemblée que des Catholiques zèlés; tandis que le Chancelier écrivoit dans les Provinces, pour qu'on ne dèputât aux Etats que des hommes dignes, par leur courage & par leur vertu, de prendre place dans le grand tribunal dépoſitaire des volontés de tout le corps des Citoyens.

On attendoit impatiemment l'iſſue de ces grands événemens, lorſque les Proteſtans, qui venoient d'obtenir des avantages qu'ils n'euſſent pas dû eſpérer, & qui avoient tant d'intérèt à donner des preuves de modération juſqu'à la tenue des Etats, ne conſultant que le déſeſpoir où les avoit jetté le malheureux ſuccès de la conjuration d'Amboiſe, reprirent ouvertement les armes, & eſſayerent de s'emparer de pluſieurs Villes du Royaume. On découvrit que le Roi de Navarre, & le Prince de Condé, en qui l'on eût dû trouver plus de prudence, puiſqu'ils avoient moins de fanatiſme & plus d'ambition, avoient autoriſé & approuvé les révoltés.

IX. *Il s'intéresse fortement pour le Roi de Navarre & le Pr. de Condé que les Guises vouloient faire périr : leurs malheureux projets renversés par la mort de François II.*

Les Guises saisirent cette occasion d'inspirer au Roi la plus grande frayeur de leurs ennemis, & d'aigrir & irriter son esprit en lui présentant les Prétendus-Réformés comme des ennemis implacables de la Monarchie, les Princes du Sang comme d'autant plus coupables, qu'ils devoient les premiers donner l'exemple du respect & de la soumission. On acheva de lui persuader que le Prince de Condé avoit été l'auteur de la conjuration d'Amboise, (68) & que la Couronne étoit le fruit qu'il croyoit en tirer, par le massacre de toute la Famille Royale. Le Roi lui fit aussi-tôt ordonner, ainsi qu'au Roi de Navarre, de se rendre à la Cour. Malgré les avis qui furent donnés à l'un & à l'autre, ils crurent devoir obéir à des ordres formels du Souverain, (69) persuadés qu'on n'oseroit jamais rien atten-

(68) De Thou, l. 26.
(69) Mém. de Cast. p. 51.

ter fur leurs perfonnes. Mais à peine
furent-ils arrivés à Orléans, que le Roi
de Navarre fe vit donner des Gardes, &
qu'on arrêta le Prince de Condé, dont
on commença à inftruire le procès.

Mais la perte de ce Prince fembloit
rendre néceffaire celle du Roi de Navarre, qu'il étoit cependant impoffible
d'impliquer dans la conjuration d'Amboi-
fe, (70) & que les derniers troubles ne
pouvoient rendre affez criminel aux yeux
même d'un Catholique zélé, pour qu'il
méritât de périr fur un échafaut. Ne pou-
vant l'attaquer par les formes de Juftice,
les Guifes oferent bien le vouloir faire
affaffiner; & ce coup ayant été plufieurs
fois inutilement tenté, ils formerent le
projet d'employer la main même du Roi
pour commettre ce parricide. Affez méchant, ou affez foible, pour fe laiffer
perfuader que fes intérêts particuliers
pouvoient lui rendre ce crime utile, il
ne fut pas du moins affez féroce pour le
confommer ; prêt à frapper, il pâlit,
chancella; (71) & le Cardinal de Lorraine fortit furieux, en difant à fon frere:

(70) Ibid.
(71) De Thou, I. 26.

„ (72) Voilà le plus grand poltron qui
„ fut jamais."

La mort des deux premiers Princes du
Sang ne devoit être qu'un préliminaire
du spectacle que les Guises préparoient à
l'Europe. Ils craignoient leurs vengeurs,
& pour écraser d'un seul coup tous ceux
qui auroient pu leur résister, ils firent
dresser une Confession de foi, conforme
aux Dogmes de l'Eglise Romaine; & ils
déterminèrent le Roi à la faire recevoir,
sous peine du feu, dans toute l'étendue
de ses Etats. „ Par cette ressource in-
„ faillible, lui dirent-ils, il ne subsistera
„ plus de prétexte aux séditions, & l'é-
„ pouvante terminera bien-tôt des dispu-
„ tes qu'un Concile National ne feroit
„ que nourrir."

On remit la Confession de foi à tous
les Chefs de Corps, avec ordre de la faire
signer par tout ce qui leur étoit subordon-
né. Quiconque refuseroit, devoit être
brûlé sur le champ, sans autre forme de
procès. La Reine Mere réduite à servir
l'ambition & le faux zele des Princes Lorrains, devoit faire signer ses femmes. (73)

L'Hô-

(72) Mém. de l'Et. & Rép. 709.
(73) Le Lab. 522. Mém. du R. de Fr. II. D.
Aub. l. 2 Mem. de la Rel. & Rep. 745.

L'Hôpital reçut un commandement pour toute la Magistrature. Le Roi élevant la machine faite peut-être pour l'écraser, avoit résolu de faire signer lui-même tous les Seigneurs de sa Cour. On avoit envoyé dans les Provinces une foule d'émissaires, Moines, Prêtres, dont les discours avoient échauffé les Catholiques, qui devoient faire signer la Confession de foi par tous les Protestans, ou sur le champ les mener au supplice. On n'eût vu partout que meurtres, que séditions; déja les Catholiques zélés dressoient des bûchers, & les Protestans se préparoient à la défense en désespérés.

La condamnation du Prince de Condé parut ouvrir cette scene terrible. Les Princes Lorrains oserent imaginer de faire signer l'Arrêt de sa mort par toute la Cour, qu'ils voulurent rendre complice de leur crime, & où il n'y eut que trois hommes, qui eurent le courage de leur résister. Ce furent l'Hôpital, le Conseiller du Mortier, & le Comte de Sancerre, qui répondit seulement aux menaces du Roi: *Je sçais mourir, mais non me deshonorer.*

Les Guises alloient enfin triompher, lorsqu'un événement imprévu changea tout-à-coup la face des affaires. Le Roi

F

avoit depuis quelque tems un mal à l'o-
reille, & l'on craignoit qu'il ne se for-
mât un abscès dans sa tête. Cet abscès
se déclara, & dès ce moment la mort
de ce Prince fut assurée. Mais le Duc
de Guise, toujours supérieur à sa fortune, ne renonce point encore à ses
projets. Il va trouver la Reine Mere,
& lui propose de faire périr sur le champ
le Roi de Navarre, & le Prince de
Condé. Il lui représente tout ce qu'elle
a à craindre de ces deux hommes, qui
ne peuvent la regarder que comme la
premiere cause des maux qu'ils ont souf-
ferts, & des dangers auxquels ils se sont
vus exposés. Il ne demande à Catherine que son consentement: il est prêt à
tout entreprendre pour elle, & à reve-
nir mettre à ses pieds le pouvoir qu'il
lui aura acquis. La Reine Mere ébranlée, fut sur le point d'accepter les offres du Duc. Cependant elle voulut voir
l'Hôpital avant que de prendre un parti.
Il la trouva fondante en larmes ; elle
lui fit part de ses agitations, de ses inquiétudes, de l'embarras cruel où la jet-
toient les propositions du Prince Lorrain.

   L'Hôpital ne vit qu'avec indignation
cette incertitude de Catherine. ,, Com-
,, ment, lui dit-il, on fera périr le pre-

,, mier Prince du Sang de nos Rois : &
,, quel eſt ſon crime? (74) D'avoir un
,, Frere plus malheureux encore que
,, coupable. Si l'on arrête le Roi de
,, Navarre, il doit mourir, car il ſçau-
,, roit ſe venger, même aux dépens de
,, ſes Maîtres, même aux dépens de l'E-
,, tat ; & ſa mort eſt un crime affreux
,, dont la ſeule idée fait frémir. Il
,, vous faut, Madame, ſuſpendre le ju-
,, gement rendu contre le Prince de Con-
,, dé , & reprendre tout le pouvoir qui
,, vous appartient , ſous un Roi trop
,, jeune pour gouverner ſes Etats. ''

Le Chancelier entra enſuite dans le
détail de la conduite qu'elle devoit tenir avec le Roi de Navarre, dont il lui
peignit la moleſſe du caractere , & la
foibleſſe de l'eſprit. Il lui fit ſentir
qu'elle ne couroit aucun riſque à élever
ce Prince, dont le nom , le rang & la
naiſſance devoient lui ſervir à éloigner
du Gouvernement des hommes beaucoup
plus dangereux , & qui feroient tous
leurs efforts pour conſerver ou reprendre
leur place tant qu'ils ne la verroient pas
remplie. Il lui montra le véritable ſou-
tien du parti Proteſtant dans le Prince de

(74) Ibid.

F 2

Condè , qu'il lui conseilla de ménager, sans lui confier néanmoins son autorité, qu'elle devoit surtout se défendre de remettre entre les mains de tout Chef de parti.

Ensuite il lui parla des Princes Lorrains, lui représenta sur quels principes funestes à l'État, ils avoient voulu établir leur fortune ; l'art avec lequel ils avoient pu l'élever si haut. Il releva tous les talens dont ils soutenoient leur ambition , & qui par cela même, devoient les faire regarder comme les ennemis déclarés du repos & du bonheur de l'Etat. Il finit par lui dire , que si elle vouloit retenir dans ses mains toute l'autorité, il lui promettoit d'établir une paix solide.

La Reine Mere fit aussitôt son traité avec le Roi de Navarre, que la Duchesse de Montpensier lui amena la nuit dans son appartement: tant la puissance des Guises (75) , même dans ces derniers momens où l'on étoit assuré de leur chûté, & de la mort du Roi, se faisoit encore redouter. Enfin le Roi expire, (le 5. Décembre 1560.) & de nouveaux intérêts vont occuper les esprits.

Fin du Livre second.

(75) Davila, Ibid.

VIE

DE

MICHEL DE L'HÔPITAL,

CHANCELIER DE FRANCE.

✻✻✻✻✻✻✻✻✻✻✻✻✻✻✻✻✻✻✻✻✻✻✻✻✻

LIVRE TROISIEME.

I. *Sa conduite aux Etats d'Orléans.*

LA Cour étoit agitée par la tourmente la plus vive; de nouvelles factions s'y formoient; on intriguoit, on caba‑loit; on employoit pour relever fon parti; ou pour en établir un nouveau, tout ce que les paffions ardentes infpirent aux ambitieux, de rufes, de maneges, de noir‑ceurs; & fous les voiles impofans de l'a‑mour du bien public & du zele de la Re‑ligion, l'intérêt & la fuperftition ca‑choient leur trame & leurs perfides dé‑marches. Si les événemens paffés fai‑foient frémir fur ceux qu'ils fembloient encore annoncer, la tenue des Etats ren‑

F 3

doit quelque confiance au Citoyen. Les Députés des Provinces se trouvoient rassemblés à Orléans, dans un moment où les peuples pouvoient en attendre les plus grands avantages. La minorité de Charles IX. autorisoit la Nation à établir la forme d'administration la plus favorable au bien de l'Etat. Toutes les volontés de la Nation étant réunies dans ce respectable Tribunal, le courage & la sagesse des Députés alloient décider de l'étendue de leurs privileges.

Le 13. Décembre 1560, l'Hôpital fit l'ouverture de l'Assemblée, par un Discours où il parla avec beaucoup d'élévation, de l'origine des Etats, de leur dignité, de leur autorité, de la nécessité de les convoquer souvent, de l'impossibilité où étoit le Prince de connoître les besoins de la Nation, s'il ne la consultoit elle-même; de la bassesse des Courtisans qui osoient faire craindre au Roi la réunion de ses sujets, de l'horreur qu'il devoit avoir pour des conseils aussi pernicieux, de l'obligation essentielle où il étoit d'écouter leurs plaintes & de leur rendre justice. A ce sujet il rapporta le trait de cette femme Macédonienne à qui le Roi Philippe refusoit une audience, & qui, pour lui faire sentir qu'il manquoit, au premier de ſes devoirs, eut la fermeté de lui dire, *Ne ſoyez donc pas Roi.*

„ Davantage, pourſuivit l'Hôpital,
„ les Rois tenant les Etats, oyent ou en-
„ tendent la voix de vérité, qui leur eſt
„ ſouvent cachée par leurs ſerviteurs.
„ Car la plupart des Princes ne voyent
„ que par les yeux d'autrui, ne jugent
„ que par le jugement & arbitration d'au-
„ trui, & au lieu qu'ils duſſent mener
„ les autres, ſe laiſſent mener. Qui eſt
„ la cauſe qu'aucuns bons Rois ſe défiant
„ de ceux qui ſont autour d'eux, ſe ſont
„ déguiſés & mêlés avec le peuple in-
„ connus, pour ſçavoir & entendre ce
„ que l'on diſoit d'eux, non pour punir
„ ceux qui en diſoient mal, mais pour
„ ſoi amander & corriger? Le bon Roi
„ Louis XII. prenoit plaiſir à ouir jouer
„ farces & comédies, même celles qui
„ étoient jouées en grande liberté; di-
„ ſant que par là il apprenoit beaucoup
„ de choſes qui étoient faites en ſon Ro-
„ yaume, que autrement il n'eût ſçues.
„ Cette ſorte de familiarité n'a jamais
„ nui à nos Rois. Les derniers de la ra-
„ ce de Pharamond ne ſe laiſſoient voir
„ qu'une fois l'an, comme les Aſſiriens;
„ & les uns & les autres vinrent à mé-
„ pris vers leurs ſujets, & en perdirent

„ leur Royaume. La façon de ne ſe laiſ-
„ ſer voir à ſon peuple, & ne communi-
„ quer avec lui, eſt barbare & monſtrueu-
„ ſe. Ceux qui tiennent pour une autre
„ opinion, ſont gens qui veulent ſeuls
„ gouverner & conduire tout à leur vou-
„ loir & plaiſir, qui craignent leurs faits
„ être connus par autres, aſſiegent le
„ Prince, & gardent que nul ne l'appro-
„ che. ”

Enſuite le Chancelier parla de l'utilité
particuliere dont pouvoit être l'Aſſemblée
des Etats, dans les circonſtances actuel-
les. Il montra dans quels précipices on
iroit infailliblement ſe perdre, ſi la vertu
& les mœurs des particuliers ne ſup-
pléoient à ce qui manquoit aux Loix pour
aſſurer le repos public. De là il prit occaſion d'expoſer les principes ſur leſquels
le Roi, les Princes, le Clergé, la No-
bleſſe & le Tiers-état devoient diriger
leur conduite. Il inſiſta ſur la néceſſité de
convoquer un Concile National. Il ex-
horta l'Aſſemblée à établir les Loix les
plus ſéveres pour contenir & réprimer les
ſéditieux de chaque parti. Enſuite il parla du mauvais état des Finances; & dit
que le Roi prioit l'Aſſemblée de vouloir
bien les examiner, & d'établir dans cette
partie de l'adminiſtration *un ordre qui fût*

un réglement perpétuel pour la Maiſon de France ; & il finit par engager les Députés à donner leurs avis avec hardieſſe & liberté.

La premiere opération des Etats, fut de diſpoſer de la Régence en faveur de Cathérine de Médicis. Le Roi de Navarre, (76) dans le traité ſecret qu'il avoit fait avec elle, avoit promis de la lui céder ; (77) mais bientôt ſe repentant de l'engagement qu'il avoit contracté, il fit tous ſes efforts pour ſe la faire conférer à lui-même ; & il étoit parvenu à gagner un aſſez grand nombre de voix. L'Hôpital, à qui il importoit pour ſon crédit & pour ſes projets de voir le Gouvernement remis entre les mains de la Reine Mere, s'oppoſa à toutes les démarches du Roi de Navarre, & fit connoître aux Députés le danger d'accorder un pouvoir trop étendu à un Chef de parti. Il leur montra la néceſſité de confier la principale autorité à la perſonne la plus intéreſſée à ne maintenir que la paix & l'union entre tous les Citoyens ; & leur fit entendre que Catherine étoit la ſeule dont l'intérêt particulier s'uniſſoit néces-

(76) Teſt. du Chancel. Mém. Condé. 2. p. 211.
(77) Mém. de Caſt. pp. 66. 71,

F 5

fairement à l'intérêt général , puiſqu'il
ne pouvoit s'élever de troubles ni de ſéditions dans l'Etat , ſans que la plus eſ-
ſentielle partie du pouvoir ne lui échap-
pât, pour paſſer dans les mains de ceux
qui commanderoient les Armées ; qu'il
feroit donc dangereux de ne lui pas dé-
férer la Régence, ſur laquelle d'ailleurs
elle avoit les droits les plus légitimes.
L'Aſſemblée entra dans les vues du Chancelier, & malgré les prétentions du Roi
de Navarre, arrêta que Catherine, ſans
avoir le nom de Régente, auroit néanmoins la principale direction des affaires,
& que le Prince exerceroit ſous ſes ordres la charge de Lieutenant-Général du
Royaume.

II. *Ordonnance célebre.*

On vit enſuite l'Hôpital & les Députés travailler à cette Ordonnance célé-
bre, qui devoit aſſurer à la Nation des
jours plus ſereins , & dans laquelle l'attention du Légiſlateur ſembloit s'être
portée ſur tous les objets dignes de la fixer. Elle établit des réglemens pour la
réforme de tous les différens Ordres de
l'Etat. Elle parut devoir forcer les E-
vêques & tous les Eccléſiaſtiques à s'oc-

cuper déformais des fonctions facrées de
leur Miniftere. Elle mit le Tiers-état à
l'abri des vexations des grands Seigneurs
& des Gentilshommes. Elle établit des
regles dans la répartition des impôts,
dans la manutention des deniers Royaux.
Elle réprima une partie des defordres
qui regnoient dans l'adminiftration de la
Juftice : il ne fut plus permis d'entrer
dans un Tribunal, avant d'avoir atteint
l'âge de vingt-cinq ans ; il devint néceffaire, pour obtenir les provifions d'u-
ne Charge, de fubir un examen, qu'on
ne regardoit pas alors comme une fimple formalité. Le Chancelier fit auffi
faire des réglemens fur les Epices : on
affigna au travail de l'Avocat & du Pro-
cureur, un prix au-delà duquel ils ne
pouvoient rien exiger fans fe rendre coupables du crime de concuffion. On établit enfin des Officiers chargés de parcourir toutes les Provinces, & de veiller
fans ceffe à l'exécution des Loix.

Cette Ordonnance, qui dans un tems
plus calme eût pu contribuer d'une maniere efficace au bonheur de la Nation,
n'étoit malheureufement pas un remede
affez puiffant pour détruire le mal qui dé-
chiroit l'Etat ; & l'Hôpital ne fit pas en ce
moment tout ce qu'il femble qu'on étoit

en droit d'efpérer d'un politique auffi
profond que lui. Il venoit bien de faire
publier les Loix les plus fages en elle-mê-
mes ; mais ces Loix ne pouvoient être
exécutées qu'autant qu'il n'eût laiffé en
aucunes mains un pouvoir affez grand
pour les violer impunément, qu'autant
qu'il eût établi la paix, & qu'il l'eût éta-
blie de façon qu'il n'eût pas dépendu de
l'ambition d'un particulier de la troubler.
Il n'eût pas dû attendre, comme il fit,
que les Députés fe fuffent féparés, pour
travailler à la réconciliation civile des
Catholiques & des Proteftans : ouvrage
pour lequel le concours de tous les Ordres de l'Etat, & l'autorité d'une Affemblée d'Etats, lui étoit abfolument nécesfaire. C'eft uniquement à cette faute
qu'on peut attribuer cette longue fuite
de malheurs qui depuis ont affligé le Royaume. Peut-être que les divers intérêts qui gouvernoient les efprits, le fanatifme qui emportoit les uns, l'ignorance & la ftupidité des autres, ne per-
mirent pas à l'Hôpital de tenter d'auffi
grandes chofes, & d'exécuter les projets qu'il paroiffoit même avoir formés.
Mais foit que le reproche lui doive être
adreffé, foit qu'il doive être fait aux
Députés, le moment fut perdu, & tous

les efforts que fit depuis le Chancelier pour réparer la faute, ne furent que des palliatifs qui calmerent pour quelques inſtans la violence du mal ſans pouvoir jamais le guérir.

III. *Il travaille à établir la paix dans le Royaume.*

Auſſi-tôt que l'Aſſemblée des Etats fut rompue, il commença donc à s'occuper des moyens d'établir la tranquillité intérieure du Royaume. Les traitemens indignes qu'avoit eſſuyés le Prince de Condé, faiſoient craindre à tous les bons Citoyens qu'il ne cherchât à ſe venger d'une maniere éclatante de la Reine Mere, qu'il pouvoit en quelque ſorte accuſer de la perſécution qu'il avoit ſoufferte. L'attachement qu'avoient pour lui les Proteſtans, ne permettoit pas de douter qu'ils n'entraſſent dans tous ſes reſſentimens, & que, pour les ſatisfaire, ils ne levaſſent, au moindre ſignal qu'il eut voulu leur donner, l'étendart de la révolte. L'Hôpital fit ſentir à Catherine la néceſſité d'appaiſer & de ménager ce Prince, & il la détermina à faire rendre une Déclaration par laquelle le Roi

annonçoit qu'il avoit des preuves de
l'innocence du Prince de Condé, & lui
permettoit de fe pourvoir contre fes dé-
lateurs pour en tirer une fatisfaction
proportionnée à la grandeur de l'offenfe, & de l'offenfé. Soit que le Prince
de Condé fût affez généreux pour pardonner aux Guifes, dont il ne penfoit
pas que la fortune pût fe relever, ou
plutôt qu'il crut devoir différer le tems
de fa vengeance, (78) il ne voulut pas
employer les moyens que fembloit lui offrir l'Hôpital de perdre fes ennemis,
& parut fatisfait, pour le moment, de
reprendre le rang & la place qu'il devoit tenir à la Cour.

Ce n'étoit pas affez, pour établir la
paix d'une maniere folide, que de modérer & de contenir dans de juftes bornes
tous les Chefs des deux partis; le grand
art eût été de réunir ces deux partis, ou
du moins de les accoutumer à fe voir fans
horreur, à infpirer à l'un & à l'autre des
fentimens raifonnables. Toutes les pri-
fons de la Capitale & des Provinces
étoient remplies de malheureux, (79) à
qui l'on ne pouvoit imputer que le crime

(78) De Thou, l. 28. Mém. de Condé.
(79) De Thou. ibid. Mém. Cond. T. 2. p. 265.

de s'être laiſſés entraîner dans des erreurs auxquelles il étoit impoſſible de les arracher par la violence. L'Hôpital eſſaya de perſuader à Cathérine, que la raiſon, l'humanité, la Religion, ſon intérêt particulier même, exigeoient qu'on rendît leur ſort moins rigoureux, & qu'il étoit plus ſage d'acheter la paix par la paix, que de la conquérir à la pointe de l'épée.

Il l'avoit déja déterminée à conſentir à ce qu'il publiât une Déclaration par laquelle le Roi ordonnoit aux Magiſtrats de (80) la Capitale & des Provinces de rendre la liberté & les biens à ceux qui en avoient été privés, comme convaincus ou ſoupçonnés de Calviniſme. Le Prince exhortoit tous ſes Sujets à ſe conformer aux rits & aux uſages juſqu'alors reçus dans l'Egliſe, (81) & condamnoit à la mort tous ceux qui, ſous prétexte de ſoutenir les intérêts de la Religion, troubleroient la tranquillité publique. Le Parlement n'avoit conſenti qu'après beaucoup de difficultés à l'enrégiſtrement de cette Déclaration, qui choquoit les principes qu'il avoit adoptés.

(80) Janvier 1561.
(81) Ibid.

IV. Dispositions du Parlement.

Les plus grands Corps tiennent toujours par quelques côtés aux erreurs de leur siecle. Le Parlement avoit cru d'abord pouvoir arrêter les progrès de l'Héréfie, en faisant des perquifitions exactes, & des punitions exemplaires de ceux qui se laiffoient infecter de ce venin. Mais bientôt le mal gagna toutes les Provinces, & se gliffa jufques dans la Compagnie même, où l'on vit tout à la fois des Tolérans, des Calviniftes, & des Catholiques zèlés. Dès ce moment, le principe de la tolérance eût paru sans doute devoir réunir tous les partis, & déterminer en sa faveur des Magiftrats uniquement chargés d'affurer la tranquillité publique, & à qui leur état, fermant tous les chemins qui menent à la fortune, n'offre aucun prix du sacrifice qu'ils pourroient faire de leur honneur & de leur raison. Cependant les chofes tournerent différemment : le fupplice du Confeiller Anne Dubourg, l'emprifonnement de quelques-uns des Membres du Parlement, la fuite de plufieurs autres, en impoferent à ceux qui préféroient leur falut particulier au dangereux avantage

avantage de faire valoir fes opinions. Le regne de François II. venoit d'achever ce qu'avoit commencé celui de Henri II. Les Guifes fe voulant appuyer du Parlement, corrompirent tout ce qui pouvoit être corrompu, & effrayerent tout ce qui étoit fufceptible de crainte ; & bientôt la voix des fanatiques fut la feule entendue, parce qu'ils n'auroient pu fe voir contredits que par un petit nombre d'hommes, trop fages pour hazarder leur tête fans utilité pour le bien public. Ce mal avoit déja jetté de profondes racines, lorfque Charles IX. monta fur le Trône ; & les Corps ne changeant point de principes & de conduite, comme les particuliers, on ne pouvoit gueres efpérer que le Parlement abandonneroit les fiens.

L'Hôpital le fentoit, & ne voyoit fans doute qu'avec chagrin les obftacles que le Parlement paroiffoit devoir toujours oppofer à l'exécution de fes deffeins. D'ailleurs les défagrémens que ce Corps lui avoit fait éprouver anciennement, devoient avoir laiffé dans fon cœur des principes d'irritation, fi j'ofe ainfi parler, qui fans doute fe réveillerent, & entrerent peut-être fans qu'il s'en doutât, dans les motifs de fa conduite.

G.

V. *Ordonnance d'Avril* 1561. *contre laquelle les Magistrats s'indisposent.*

De nouveaux troubles arrivés dans les Provinces, lui ayant persuadé que la derniere Déclaration n'étoit pas suffisante pour établir la sureté des Calvinistes, qui se virent encore persécutés dans plusieurs Villes, (82) il fit rendre une nouvelle Ordonnance (Avril 1561.) qui défendoit aux sujets du Roi de s'injurier réciproquement par ces mots odieux de Papistes & de Huguenots, de troubler la tranquillité publique, de s'attrouper, & d'aller en force faire des visites dans les maisons, sous le prétexte de faire observer les anciens Edits qui défendoient les assemblées. Le Roi ordonnoit aussi de rendre incessamment la liberté à ceux qui avoient été arrêtés pour cause de Religion (83) permettoit de rentrer dans le Royaume à tous ceux qui en étoient sortis pour la même raison, depuis le regne de François I. & les assuroit de sa protection, pourvu qu'ils vécussent en Catholiques & sans scandale. Enfin il consentoit à ce

(82) Mém. de Condé, T. 2. 334.
(83) De Thou, l. 28.

que ceux qui ne voudroient pas rester dans le Royaume à ces conditions, pussent vendre leurs biens, & se retirer ailleurs.

Le Chancelier jugea que le Parlement refuseroit d'enrégistrer un Edit si directement opposé à toutes ses maximes, & dans un moment où il rendoit tous les jours de nouveaux Arrêts pour empêcher les Protestans de tenir leurs assemblées, C'est ce qui détermina l'Hôpital à n'observer aucune des formes ordinaires, & à faire adresser la Déclaration directement aux Gouverneurs des Provinces & aux Magistrats des différens Tribunaux, (84) avec un ordre précis de la faire exécuter dans tous ses articles. C'étoit sans doute violer la plus respectable de nos Loix; & le Chancelier ne pouvoit pas ignorer, que dans tout Gouvernement où un pouvoir illimité se trouve entre les mains d'un seul homme, loin de renverser les obstacles qui s'opposent aux abus de l'autorité, tout citoyen doit les affermir, &, s'il le peut, en élever de nouveaux. Il sçavoit aussi sans doute de quelles funestes conséquences pouvoit être l'exemple qu'il osoit donner à ses Successeurs; mais il voyoit

(84) Ibid.

tout le Royaume en feu : il falloit fauver l'Etat, & le fauver dans le moment. On n'ofe l'approuver, & l'on craint de le blâmer.

Sa conduite aigrit & révolta tout le Parlement, (85) qui voulut rendre contre lui un Décret d'ajournement perfonnel, pour qu'il eût à fe préfenter devant la Compagnie, & à l'inftruire des motifs qui avoient pu le forcer à n'obferver aucune des formalités effentielles à la promulgation des Loix. Mais des Magiftrats plus modérés ramenerent les efprits à prendre un parti moins violent ; & l'on rendit un Arrêt, par lequel on défendit de publier la Déclaration, comme étant contraire aux Loix fondamentales du Royaume. On préfenta en même-tems des Remontrances, dans lefquelles la Compagnie établit qu'il étoit contre l'ufage de tous les tems, d'adreffer aux Gouverneurs des Provinces, & non aux Parlemens, une Ordonnance qui ne peut avoir force de Loi, qu'elle n'ait d'abord été publiée & enrégiftrée dans les Cours Souveraines ; que défendre aux Sujets de parler avec chaleur des matieres de Religion , & leur ordonner de fe refpecter réciproque-

(85) Mém. de Cond. T. 1. p. 27.

ment, quelques Dogmes que chacun fui-
vît, c'étoit défendre à tous les vrais Fideles de travailler à la converfion des
Hérétiques, & vouloir, ce femble, leur
interdire les moyens de les faire rentrer
dans le fein de l'Eglife. Comme le Roi
dans fa Déclaration recommandoit à tous
les Magiftrats de punir févérement tous
les citoyens turbulens, qui en attaque-
roient d'autres par les mots odieux de
Huguenots & de Papiftes; le Parlement
remarquoit qu'il paroiffoit fort étrange,
qu'on employât ce mot de Papiftes dans
des Lettres-Patentes; qu'en défendant enfuite à tous citoyens d'aller examiner ce
qui fe pouvoit paffer dans les maifons des
particuliers, on autorifoit les affemblées
des Hérétiques. Qu'en accordant la liberté de rentrer dans le Royaume à des
Sujets qui en avoient été bannis depuis
long-tems, pour avoir embraffé une fauffe Religion, on donnoit lieu à une infi-
nité de difputes, de procès & de troubles. Que là claufe inférée dans l'Ordonnance, *pourvu qu'ils vécuffent en Catholiques & fans fcandale*, n'étoit pas une bar-
riere fuffifante pour maintenir les Proteftans dans leur devoir; & qu'enfin la per-
miffion qu'on donnoit à ceux qui ne voudroient pas refter dans le Royaume & y

vivre en Catholiques, de vendre leurs
biens, & d'aller s'établir dans d'autres
pays, étoit une difpofition contraire à
toutes les anciennes Loix.

.Le zele de Religion· & l'attachement
aux anciennes Conftitutions de l'Etat,
pouvoient bien n'être pas les feuls motifs
qui portaffent une partie des Membres
du Parlement, à s'oppofer avec tant de
chaleur aux démarches du Chancelier.
Longtems avant que d'être en place,
l'Hôpital s'étoit ouvertement expliqué fur
la néceffité d'apporter une réforme févere dans la plûpart des Tribunaux de Juftice; & dès qu'il fut affez puiffant pour
travailler à y introduire des changemens,
tous les Magiftrats que leur ignorance ou
leur cupidité mettoient dans le cas de les
craindre, ne purent gueres le regarder
que comme un ennemi dangereux. Il
avoit déja même déterminé la Reine Mere à publier plufieurs réglemens fur l'adminiftration de la Juftice, & à porter
entre autres un Edit, qui défendoit aux
Préfidens, Confeillers, & Officiers des
Cours Souveraines, de recevoir des Evêques, des Princes, ou des Communautés,
des penfions qui paroiffoient avilir la Magiftrature, & qui ne pouvoient être que
le fruit de la corruption. Si les Perfonna-

ges les plus integres du Parlement avoient approuvé ce Réglement, (86) plufieurs autres Membres n'avoient pu le regarder du même œil, & ils étoient enfin parvenus à le faire envifager comme une injure pour toute la Compagnie, qui crut fa gloire offenfée par ce Réglement, dont le Chancelier feul pouvoit être l'auteur.

Mais quels que fuffent les obftacles que cherchaffent à oppofer à l'Hôpital quelques Magiftrats fanatiques, & ceux dont la conduite ne pouvoit foutenir les regards d'un Cenfeur fi févere, fa fermeté parut d'abord les avoir furmontés; & l'on vit par fes foins les prifonniers élargis, les bannis rentrer dans leur patrie fans qu'on les inquiétât, & les Prétendus-Réformés tenir tranquillement leurs affemblées.

Mais les Princes Lorrains, (87) quoiqu'abbattus, eurent encore l'art, par leurs manœuvres fourdes, d'irriter prefque tous les Catholiques: ils vinrent en foule environner la Reine Mere, fe plaignirent de ce qu'on paroiffoit vouloir facrifier à une nouvelle fecte la Religion de leurs Peres, & oferent annoncer qu'ils emplo.

(86) Mém. de Cond. T. 2. p. 365.
(87) De Thou, l. 28.

yeroient le fecours des armes pour la défendre. La foible Catherine, quoique
convaincue par l'Hôpital de la néceffité
de publier le dernier Edit, fut affez mal-
habile pour accroître l'audace des féditieux, en confentant à ce qu'on tînt au
Parlement une nouvelle Affemblée où fe
trouveroient le Roi, les grands Seigneurs
& les Confeillers d'Etat; & dans laquelle
on délibéreroit fur les moyens de prévenir la guerre civile.

VI. *Son difcours & fon avis dans l'Affem-*
blée qui fe tint au Parlement; fes fenti-
mens fur la réunion qu'il avoit projettée.

Le Chancelier ouvrit cette Affemblée
par un Difcours dans lequel il demanda
que l'on opinât en peu de mots. „ Il ne
„ s'agit point ici, dit-il, de difcuter les
„ matieres de Doctrine qu'on doit traiter
„ au plûtot dans un Concile National.
„ (88). Notre feul but doit être aujour-
„ d'hui de rechercher les moyens par lef-
„ quels on pourra prévenir les diffen-
„ fions, que produit dans l'Etat la diver-
„ fité des fentimens de Religion, & de
„ réprimer la licence & la rébellion,

(88) Ibid.

„ dont ces divifions ont paru jufqu'à pré-
„ fent être une fource inépuifable ".

Les voix ayant été recueillies, après plufieurs délibérations, elles fe trouverent former trois différens avis. (89) Le premier, qui avoit été ouvert par l'Hôpital, (90) fut de fufpendre l'exécution des Edits donnés contre les Proteftans, jufqu'à ce que le Concile eût prononcé fur les articles de leur croyance qui les féparoient de la Communion Romaine. Le fecond, fut de les punir de mort. Le troifieme, de renvoyer la connoiffance du crime d'Héréfie aux Tribunaux Eccléfiaftiques, en défendant aux Religionnaires, fous les peines les plus féveres de continuer à s'affembler, & de s'écarter, en préchant & en adminiftrant les Sacremens, des cérémonies & des ufages reçus & obfervés dans l'Eglife Catholique. Ce dernier avis, fur lequel on dreffa l'Edit de Juillet, (1561) ne l'emporta que de trois voix fur celui du Chancelier : ce qui fut regardé comme un effet des fentimens de tolérance qu'il avoit déja porté à la Cour; & l'on ne douta pas que fi tous les fuffrages avoient été libres, on n'eût fuivi le parti qu'il eût voulu voir embraffer.

(89) Mém. de Cond. T. 2;
(90) Pafqu. Lett.

G 5

Dans cette même Affemblée on propofa de tenir un Colloque, dans lequel les
Prélats difputeroient contre les Miniftres
Proteftans fur les points de Controverfe
qui féparoient les deux Religions, & tra-
vailleroient à la réunion des deux Eglifes.
L'Hôpital fe flatta que dans des Conférences où il efpéroit raffembler les hommes les plus fages des différens partis, les
efprits pourroient fe rapprocher, & fe
préparer à cette réunion qui eût tari la
fource de nos malheurs.

Des hommes fort célebres ont été
long-tems perfuadés qu'il n'étoit pas
impoffible de réunir les Eglifes Calvinis-
te & Luthérienne avec l'Eglife Catholique; Luther & Calvin ayant laiffé de
l'obfcurité dans les expreffions dont ils fe
font fervis, pour expofer leurs opinions
fur quelques articles fondamentaux, &
principalement fur le Sacrement de l'Eu-
chariftie, on imaginoit pouvoir fatisfaire
tous les partis, en expliquant ces articles
d'une maniere équivoque, qui laifferoit
à chacun la liberté de les interpréter fe-
lon fa confcience; & qu'après avoir ainfi
terminé fur ce qui concernoit le Dogme,
l'Eglife Romaine pourroit fe relâcher fur
quelques points de fa Difcipline, dont on
croyoit qu'elle devoit faire le facrifice à

l'accroissement de la Religion. Tel a été le sentiment de Grotius, qui a travaillé long-tems au projet de réunir les Protestans & les Catholiques. ,, Mais comment, dit un de nos sçavans Auteurs ,, modernes, convenir des articles fon- ,, damentaux? Cette question est une ,, source de disputes infinies; car il fau- ,, droit pouvoir répondre aux Théolo- ,, giens Catholiques, qui, fondés sur la ,, doctrine enseignée de tous tems, pré- ,, tendent, avec raison, que tout ce qui ,, a été décidé comme étant de foi, doit ,, être fondamental, & ne peut souffrir ,, une explication, qui, en laissant les ,, choses incertaines, sembleroit autori- ,, ser des croyances opposées. D'ailleurs, ,, quand l'Eglise, par un principe digne ,, de sa charité, & du désir qu'elle a que ,, tous les hommes parviennent à la con- ,, noissance de la vérité, se relâcheroit ,, sur quelques points de sa Discipline, ,, elle ne peut avoir d'indulgence sur au- ,, cuns des Dogmes condamnés par les ,, Conciles, sans trahir ses principes ''. C'est ainsi que s'expliqua M. Bossuet, E- vêque de Meaux, avant que de vouloir entrer dans la Négociation qui fut enta- mée en 1691. par les Cours de Vienne & de Hanovre, pour réunir à l'Eglise Catholique les Luthériens de la Confeſſion d'Augsbourg.

L'Hôpital pouvoit penſer comme Grotius, & auroit alors ſuivi des ſentimens condamnés par les plus célebres Théologiens. Peut-être auſſi croyoit-il que la Cour de Rome accordant à la néceſſité une partie des changemens qu'on demandoit qu'elle apportât dans la Diſcipline Eccléſiaſtique, les peuples ſatisfait ſur les objets qui avoient principalement occaſionnés leur ſciſſion d'avec l'Egliſe Catholique, rentreroient naturellement dans ſon ſein. Le Chancelier pouvoit même encore ſe perſuader qu'à force de careſſes, de menaces, d'adreſſe, il ne ſeroit pas impoſſible de gagner la plûpart des Miniſtres, qui pourroient céder à l'appas qu'on leur préſenteroit, de leur faire partager avec le Clergé les biens immenſes dont il étoit en poſſeſſion.

Quelques Catholiques des plus zèlés parurent entrer dans les vues des Tolérans, & ſolliciterent la tenue du Colloque. Les uns, n'écoutant qu'un vrai zele de Religion, ſe flattoient que les Proteſtans y ſeroient convaincus de la fauſſeté de leurs opinions, & ſe verroient forcés de demander à rentrer humblement dans le ſein de leur Mere, dont ils chercheroient à obtenir leur grace par l'abjuration de leurs erreurs. Les autres, qui vouloient établir leur fortune fur les divifions de l'Etat, jugerent que ce Colloque, loin de rapprocher les deux partis, pourroit apporter de nouveaux obftacles à leur réunion, & que dans les Conférences où l'on ne chercheroit qu'à faire parade de fes forces, & à montrer une bonne caufe, l'obftination, la vanité & le fanatisme enflammeroient les efprits, & leur feroient aifément perdre de vue les objets fur lefquels on vouloit les fixer.

VII. *Il engage la Reine Mere à écrire au Pape.*

Catherine preffée par quelques Catholiques, par les Proteftans, & par les Tolérans, de permettre la tenue des Conférences, y donna fon confentement (91). Cette femme toujours inconféquente, fe laiffa en même-tems entraîner par l'Hôpital & par Monluc, dans une démarche contradictoire au dernier Edit qu'elle venoit de faire publier, & qui dût fort effrayer la Cour de Rome. Le Chancelier jugeoit qu'il étoit abfolument néceffaire, pour le fuccès de

(91) De Thou, l. 28.

fes projets de réunion, que l'Eglife Catholique fe relâchât fur plufieurs points de Difcipline auxquels les Proteftans étoient trop fortement contraires (92), pour efpérer qu'ils fe reconciliaffent jamais avec elle, fi elle ne leur en faifoit le facrifice. Mais il fentoit en même-tems combien difficilement, le Pape pourroit fe déterminer à rien accorder qui pût affoiblir fes droits & fon autorité. Il crut donc qu'il étoit néceffaire de lui perfuader que la Cour de France étoit moins attachée aux opinions Romaines, qu'elle ne défiroit la réunion des deux partis qui déchiroient l'Etat; & que les oppofitions que le Pape formeroit à fes deffeins, pourroient faire prendre un parti dangereux pour le S. Siege.

Aidé de l'Evêque de Valence, il engagea donc Catherine à écrire à Pie IV. une lettre, dans laquelle elle lui repréfentoit, que le nombre des Proteftans s'étoit fi fort accru en France, qu'il n'étoit plus poffible de s'oppofer au progrès de leurs opinions par la rigueur des Loix; qu'il feroit infiniment plus fage de les réunir avec l'Eglife Catholique, leurs erreurs d'ailleurs n'étant pas monftrueufes, puifque tous admettoient les douze arti-

(92) Le Lab. Tom. I. p. 786.

cles du Symbole des Apôtres, tels qu'ils
font expliqués par les fept premiers Conciles généraux ; que plufieurs Catholiques,
même des plus zélés, croyoient qu'on ne
devoit pas les retrancher de la Communion de l'Eglife, qu'on pouvoit les tolérer
fans danger, & que ce feroit même un
acheminement à la réunion de l'Eglife
Grecque avec l'Eglife Latine.

La Reine Mere repréfentoit enfuite au
Saint Pere, que l'Eglife, par charité pour
ceux qui avoient eu le malheur de fe féparer d'elle, devroit bien fe relâcher fur
quelques points de fa Difcipline ; que ce
feroit un moyen de retenir dans la Communion Romaine beaucoup de Catholiques, qui paroiffoient incertains fur celle
qu'ils fe détermineroient à fuivre. Elle
demandoit qu'on enlevât les Images des
Eglifes ; que l'on ômit dans l'adminiftration du Baptéme les exorcifmes & les for-
mules de prieres qui n'entrent point dans
l'inftitution du Sacrement ; qu'on rétablit
pour tous les Chrétiens fans diftinction la
Communion fous les deux efpeces ; qu'on
abolît la Fête du Corps du Seigneur, qui
occafionnoit de grands fcandales, & qui
n'étoit point effentielle à la Religion. La
Reine enfin demandoit qu'on rétablit
l'ancien ufage de la Pfalmodie en langue

vulgaire, dans toutes les parties du Service divin ; & que dans les prieres qui fe
font en particulier, on ne pût employer
que la langue qui eft entendue de ceux qui·
prient.

„ Tels font les abus, continuoit-elle,
„ qu'il femble néceffaire de corriger. Au
„ refte, tous les gens de bien veulent
„ que le faint Pontife ne perde rien de
„ fon autorité, que l'on conferve le res-
„ pect & l'obéiffance qui lui font dûs,
„ qu'on n'admette aucun changement,
„ aucune innovation dans la Doctrine,
„ & que fi les Miniftres font coupables
„ de quelques fautes, on n'aboliffe pas
„ pour cela le Miniftere, dont l'autori-
„ té toujours refpectable doit toujours
„ fubfifter. Mais après avoir pourvu à
„ la confervation & à la fureté de ces
„ objets fi importans, il eft jufte &
„ raifonnable de s'appliquer avec autant
„ de foin que de charité, à corriger
„ dans tout le refte ce qui mérite d'ê-
„ tre réformé, pour ne plus laiffer aux
„ ames d'occafion de chûte & de fcan-
„ dale ". Août 1561.
„
Cette lettre perfuada au Pape que l'on
étoit au moment de prendre un parti très-
violent en France. (93) Il en fut accablé
de

(93) Fra Paola, l. 5.

de douleur, & il reconnut l'impoſſibilité
où il étoit de différer plus long-tems la
convocation du Concile général, qu'il
avoit toujours éloigné. Il fit auſſi-tôt
partir un Légat pour venir veiller en
France ſur les intérêts du S. Siege.

VIII. *Aſſemblée des Etats : Il force le*
Clergé de contribuer aux beſoins du
Royaume.

Mais dans ce même inſtant le Chancelier lui donnoit, ainſi qu'à tout le Clergé
de France, de nouveaux motifs de mécontentement & d'inquiétude. Il venoit
de faire convoquer une Aſſemblée des
Etats à Saint-Germaint-en-Laye, dans laquelle il propoſa aux Députés d'examiner
ſur quels objets il pouvoit être plus avantageux à l'Etat, d'aſſeoir les contributions publiques ; on convint d'abord aiſément d'établir un impôt léger ſur le Vin
& ſur le Sel. Mais le produit de cet impôt ne pouvoit ſuffire aux beſoins du
Royaume ; & l'Hôpital, toujours occupé
des moyens de ménager le peuple, qu'il
eût voulu ſoulager d'une partie de ſes
charges, ne crut avoir d'autre parti à
prendre, que de s'adreſſer au Clergé pour

H

lui demander les fecours néceffaires à l'Etat.

Perfuadé que les Eccléfiaftiques ne contribuoient pas aux befoins du Royaume en proportion des biens immenfes qu'ils poffédoient, il avoit déterminé la Reine Mere à adreffer à toutes les Cours Souveraines, des Lettres-Patentes, en vertu defquelles on pût contraindre les Bénéficiers à donner une déclaration précife des biens dont ils jouiffoient. Mais le Clergé avoit auffi-tôt repréfenté que les biens de l'Eglife étoient facrés, que les hommes ne pouvoient porter une main profane fur des richeffes deftinées au culte & au fervice de la Religion; que les Eccléfiaftiques les poffédoient de droit divin, & qu'on n'étoit en droit d'exiger d'eux que ce dont ils voudroient bien faire le facrifice au bien public. Le Cardinal de Lorraine avoit appuyé ces repréfentations du crédit qui pouvoit encore lui refter.

Mais la Cour n'y avoit répondu, qu'en accordant à l'exécution des Lettres-Patentes, une furféance de trois mois, pendant lefquels le Clergé avoit eu ordre de travailler & de fournir la déclaration qui lui étoit demandée. Le terme étant expiré fans que les Eccléfiaftiques euffent obéi, le Chancelier avoit expédié de nouvelles Lettres-Patentes, qui enjoignoient l'exécution des premieres, fous peine de faifie du temporel des Bénéficiers; ce qui avoit été exécuté à la rigueur.

Le Chancelier, en conféquence de cette opération, (94) voulut forcer dans l'Affemblée des Etats, les Eccléfiaftiques à confentir à ce que l'ont fit une levée de feize millions fur leurs revenus. On juge aifément des oppofitions qu'il rencontra. Mais il n'en fut point ébranlé; il menaça le Clergé de faire publier une Déclaration par laquelle le Roi permettroit à tous fes Sujets de s'emparer des biens Eccléfiaftiques, s'il s'obftinoit plus long-tems à combattre fa volonté. L'Ordre Eccléfiaftique fe crut enfin obligé de s'y foumettre, pour éviter de plus grands malheurs, dont fembloient le menacer la fermeté de l'Hôpital & les difpofitions de la Cour.

IX. *Colloque de Poiffy: Difcours du Chancelier, &c.*

A peine les Députés des Etats furent-

(94) Mém. de Cond. T. 1. p. 28. 53. Chof. mém. arrivées en France Et. de la Rel. & Rep.

ils féparés , qu'arriva le tems indiqué
pour la tenue du Colloque de Poiſſy.
Quelques partiſans de la Cour de Rome
ſe plaignoient hautement, qu'on uſurpoit
les droits de l'Egliſe & du Siege Apoſto-
lique; qu'on paroiſſoit vouloir les ſacrifier à une réunion qui ne pouvoit ſe faire. ſans détruire la Religion. Mais le
Chancelier n'en fut que plus attentif à
préparer les eſprits à la paix , qu'il vouloit établir. L'Evêque de Valence , &
Pierre Duval Evêque de Séez, pour accoutumer les Catholiques à avoir moins
en horreur le nom Proteſtant , ſemoient
publiquement les opinions qu'ils euſſent
voulu voir adopter par l'Egliſe Romaine,
& venoient prêcher la tolérence juſques
dans le Palais, où la Reine de Navarre
avoit déja fait célébrer un mariage ſelon
l'uſage de Geneve.

Tous les Citoyens étoient dans l'attente des événemens que pourroit produire
le Colloque. Il commença le 9 Septembre 1561. Le Roi lui - même ouvrit
l'aſſemblée par un Diſcours plein de ſageſſe & de raiſon. Il s'adreſſa aux Evêques aux Docteurs & aux Miniſtres Proteſtans, en leur diſant qu'ils n'ignoroient
pas les cauſes pour leſquelles on les avoit
appellés ; qu'il les prioit de vouloir bien

concourir avec lui à corriger les abus, &
à employer toute leur fageffe & leurs talens à rétablir parmi fes Sujets la paix,
(95) la concorde & l'amitié ; que s'ils
travailloient à ce grand ouvrage avec
tout le zele qu'il croyoit pouvoir attendre d'eux, ils devoient fe tenir affurés de
trouver en fa perfonne, & dans celles de
fes Magiftrats, tous les fecours dont ils
pourroient aider une fi fainte entreprife.
Après ce peu de mots, le Roi chargea
le Chancelier d'expofer plus au long fes
intentions.

L'Hôpital, après avoir fait un court
éloge du deffein qu'avoit eu la Cour de
raffembler tant d'hommes refpectables par
leur doctrine & par leurs mœurs, pour
travailler avec eux à rétablir la paix dans
le Royaume ; (96) ajouta, que le moment étoit venu où l'on pouvoit fe flatter de détruire la caufe de tous les troubles ; qu'il falloit renoncer à l'attente
des décifions d'un Concile général, qui
d'ailleurs n'étant compofé que d'étrangers peu inftruits de la maladie de l'Etat,
pourroient difficilement y appliquer les re-

(95) De Thou, l. 28. Le Lab. T. 1. p. 744.
(96) Difc. des Act. de Poiffy.

H 3

médes qu'elle exigeoit. Qu'un Synode
National paroiſſoit ſeul capable de terminer les différends , d'une maniere avan-
tageuſe pour les deux partis ; & que quand
même le Pape tiendroit un Concile général , rien n'obligeroit la Cour & les
Evéques à interrompre la tenue du Syno-
node. Que ſouvent même on avoit vu
des erreurs produites par des Conciles généraux , avoir été détruites par des Conciles Nationaux, témoin celui qu'aſſem-
bla S. Hilaire, qui chaſſa des Gaules l'A-
rianiſme, qu'y avoit introduit le Concile
de Rimini.

,, Mais pour tirer de cette Aſſemblée
,, de ſi précieux avantages, pourſuivit le
,, Chancelier, il faut que les Evéques &
,, les Docteurs ſoient tous unis par un
,, même eſprit, qui les porte également
,, vers le bien commun de tous les Fide-
,, les, & qu'ils ſoient humbles ; que ce-
,, lui qui a plus de ſcience , ne mépriſe
,, pas celui qui en a moins : que celui qui
,, en a moins, ne porte point envie à ce-
,, lui qui en a plus. Evitons d'entrer
,, dans des queſtions trop ſubtiles ; re-
,, jettons celles qui ne ſont que curieu-
,, ſes. Imitons cet homme ſimple &
,, pieux, qui, ne connoiſſant que Dieu

„ & fon Fils attaché à la Croix , con-
„ fondit des Docteurs dans le Concile de
„ Nicée. N'employons pas beaucoup
„ de livres ou d'autorités : il ne nous
„ faut que la Parole de Dieu ; c'eft la
„ fource de toute doctrine. Regardons
„ les Proteftans comme nos freres ; ils
„ adorent le même Chrift , ils ont été
„ régénérés dans les mêmes eaux. Gar-
„ dons-nous de les condamner fans les
„ entendre ; il faut les recevoir , les em-
„ braffer , les ramener dans la bonne
„ voie par la douceur, fans aigreur, fans
„ opiniâtreté. Une trop grande févéri-
„ té pourroit nous faire commettre de
„ grandes fautes. La rigueur déplacée
„ d'Alexandre, Patriarche d'Alexandrie,
„ porta Arius à foutenir fes erreurs. Ce
„ fut par une conduite également indis-
„ crette, qu'on força Neftorius à perfi-
„ fter dans les fiennes. Les Evêques
„ vont être juges dans leur propre caufe:
„ qu'ils foient donc , irrépréhenfibles dans
„ les jugemens qu'ils vont prononcer. Ils
„ feront refponfables devant Dieu des
„ maux qui affligeront encore les peuples;
„ & que n'auront-ils pas à craindre de
„ fa juftice, s'ils ne rempliffent pas les
„ devoirs facrés que la Religion & l'hu-
„ manité leur prefcrivent ! ”

Ce Difcours étonna toute l'Affemblée. Les Prélats ne furent retenus que par la préfence du Roi. Le Cardinal de Tournon fe levà pour répondre au Chancelier. Il commença par remercier le Roi & la Reine Mere, de ce que leurs Majeftés vouloient bien affifter aux Conférences, & du défir qu'elles marquoient de voir la paix s'établir dans l'Etat. Enfuite il accabla le Chancelier d'éloges outrés, qui déceloient fa mauvaife foi. (97) Il releva la fageffe, l'érudition, l'éloquence avec laquelle il avoit parlé; (98) & le pria de vouloir bien donner par écrit un morceau qu'il étoit important que tous les Prélats & les Docteurs qui devoient être des Conférences, euffent fans ceffe fous les yeux pour diriger leur conduite. Le Chancelier vit que le deffein du Cardinal de Tournon étoit de publier fon Difcours, de lui donner des couleurs d'impiété, & d'en préfenter l'Auteur comme un ennemi de Rome & de la Religion Catholique: auffi le refufa-t-il conftamment. Cependant il s'en répandit des copies, on en porta jufqu'à Rome; elles y produifi-

(97) De Thou, l. 28.
(98) Mém. Cond. La Pop. l. 7.

rent un cri général d'indignation. Le
S. Pere, au milieu du Sacré College, taxa
l'Hôpital d'Héréſie & d'impiété, & le
menaça hautement de le citer à l'Inquiſi-
tion. Si nous conſultons les Hiſtoriens
dévoués au Vatican, (99) nous les ver-
rons ſe déchaîner contre ce Diſcours du
Chancelier, prétendre y trouver de quoi
le convaincre d'Athéiſme ; & dans leur
zele amer & peu conſéquent, donner
cette imputation, comme une preuve des
mauvaiſes intentions qu'il avoit pour la
Cour de Rome.

Cependant tout étoit en rumeur à Pois-
ſy, où, dès la premiere Conférence,
Théodore de Beze, Miniſtre Proteſtant,
en expoſant la doctrine de ſon Egliſe,
s'étoit expliqué avec ſi peu de reſpect ſur
le myſtere de l'Euchariſtie, que les Prélats ne purent retenir l'indignation qu'il
leur cauſa. Le Cardinal de Tournon voulut faire rompre le Colloque. Mais Beze
ayant écrit à la Reine Mere, qu'il voyoit
avec douleur, que, faute d'avoir eu le
tems de s'expliquer entiérement ſur le
myſtere de la Cene, il avoit donné lieu
à des interprétations très-oppoſées à ſes

(99) Reynald 1561.

H 5

opinions; on réfolut de renouer les Conférences, (100) dont le Cardinal de Lorraine défiroit ardemment la continuation.
On convint qu'on traiteroit feulement
deux points capitaux, l'Eglife & l'Eucha-
riftie. Mais les Affemblées furent encore orageufes: on fe dit de part & d'autre
beaucoup de duretés, d'injures, de per-
fonnalités. Beze, en traitant la matiere
de la Vocation, avança plufieurs propofitions offenfantes pour tous les Evêques;
il révoqua en doute leur ordination, &
parla comme un Miniftre qui avoit fecoué
le joug de la Jurifdiction Eccléfiaftique.
D'un autre côté le Jéfuite Laynez, pour
achever d'aigrir les efprits, établit, avant
que d'entrer dans aucune difcuffion, que
les Proteftans n'étoient que des finges,
des renards, & des monftres qu'il falloit
renvoyer au Concile général; à quoi il
ajouta, que la Reine Mere étoit bien
hardie de tenir un Colloque de fon autorité privée, & d'entrer dans une affaire
dont la connoiffance n'appartenoit qu'au
Pape, aux Cardinaux & aux Evêques.

L'Hôpital & Monluc fentirent la néceffité de faire changer la forme du Collo-

(100) De Thou, l. 28. Et. de la Rel. & Rep.

que, & déterminerent la Reine Mere à faire nommer de part & d'autre cinq Députés, pour conférer pacifiquement fur les différens fujets de controverfe. Les Catholiques choifirent pour eux, les Evêques de Valence & de Séez, Jean Salignac, Louis Boutilliers, & Claude d'Efpence. Les Proteftans nommerent de leur côté, Pierre Martir ou Vermili, Beze, Marlorat, Defgallard, & de l'Efpine. La premiere de ces Conférences donna quelques efpérances de voir enfin les deux partis s'accommoder: les Proteftans s'y rapprocherent plus qu'ils n'avoient encore fait des Catholiques; & les gens qui défiroient fincérement la paix; fe flattoient que la feconde auroit encore un plus heureux fuccès. Mais les Evêques déclarerent fubitement que, n'entrant point dans les Conférences, ils ne pourroient avouer ce qui feroit arrêté par les députés Catholiques, & que d'ailleurs le Concile étant convoqué à Trente, ils étoient obligés de tout abandonner pour s'y rendre, fur les invitations du S. Pere. Telle fut l'iffue du Colloque de Poiffy; & telle fera toujours celle de toutes les tentatives qui fe feront pour rapprocher deux Religions différentes, lorfque les

Prêtres de l'un & de l'autre parti auront à faire valloir des intérêts perſonnels & oppoſés, dont ils ſeroient obligés de faire le ſacrifice à la réunion des eſprits.

X. *Affaires du Légat, C. de Ferrare.*

Le Pape apprit la rupture des Conférences avec une joie proportionnée aux allarmes qu'elles lui avoient cauſé. (101) Hippolite d'Eſt, Cardinal de Ferrare, qu'il avoit envoyé en France, lui fut inutile par rapport à cet objet. Ce Prélat à ſon arrivée eut à eſſuyer une foule de libelles & de plaiſanteries que firent les Proteſtans ſur les amours de Lucrece ſa Mere, & les déſordres du Pape Alexandre VI. ſon Grand-pere. La Cour lui fit une réception froide : il eut même avec le Chancelier des démêlés dont il ſçut néanmoins ſe tirer habilement. Le Légat demandoit des Lettres-Patentes, qui confirmaſſent ſes pouvoirs : l'Hôpital s'y oppoſoit, parce qu'il les trouvoit contraires aux Libertés de l'Egliſe Gallicane. Le Cardinal employa toute ſon adreſſe pour gagner le Chancelier, qu'il trouva infléxi-

(101) De Thou. l. 25.

ble. Il y eut entre eux des contestations, dans lesquelles tous les deux s'échaufferent & se dirent réciproquement des choses assez vives. Cependant à force d'intrigues & de soupleffe, le Légat obtint du Roi les Lettres qu'il demandoit, sous cette condition qu'il ne feroit point usage de ses pouvoirs; mais le Chancelier refusa de les sçeller. (102) Le Cardinal eut encore assez de crédit pour lui en faire donner un ordre exprès du Roi. L'Hôpital alors obéit; mais il mit sous le Sçeau cette protestation, *sans mon consentement*. Le Parlement ne voulut enrégistrer ces Lettres qu'avec les conditions sous lesquelles elles avoient été accordées.

Un des principaux objets de la Légation du Cardinal de Ferrare, étoit d'attirer dans le parti Catholique le Roi de Navarre, qui jusqu'alors s'étoit cru Protestant, mais qui portoit dans les matieres de foi cette foibleffe & cette irrésolution qui faifoient le fond de son caractere. Le Légat avoit ordre de n'épargner aucune promeffe pour le gagner. On lui offrit la Sardaigne, que le Roi d'Espagne devoit lui donner en échange de la Na-

---

(102) Et de la Rép. & Rel. p. 200. Chof. mém.

varre ; & les Miniftres de Madrid entrerent baffement dans cette intrigue , en
lui jurant que leur Maître fe croiroit trop
heureux, s'il pouvoit , par ce facrifice,
rendre un Prince qu'il aimoit, à l'Eglife
Catholique.   On lui propofa même la
Couronne d'Angleterre, que le Pape, en
vertu de fon pouvoir fuprême, arrache-
roit à des Souverains Hérétiques, & lui
mettroit fur la tête (103). On lui fit enfin efpérer qu'auffi-tôt qu'il fe feroit fait
Catholique, il pourroit fe féparer de fa
femme qu'il n'aimoit point, & époufer
la belle Marie Stuart , Reine d'Ecoffe,
& Veuve de François II.   Ces idées fans
doute étoient extravagantes ; mais le Roi
de Navarre les trouva raifonnables , &
leur dut au moins l'avantage de paroître
rentrer dans le fein de l'Eglife. Les Proteftans parlerent fort mal de cette converfion , dont les Guifes jugerent qu'ils
pourroient tirer beaucoup de profit , fi
leur parti n'en tiroit pas beaucoup de
gloire.

(103) Pafq. l. 4. Le Lab. T. 1. p. 746. Caft, 79.

XI. *Le Chancelier fit condamner Tanque-rel: mécontentement du Pape.*

Mais dans le tems même où le Légat promettoit au nom du Pape la Couronne d'Angleterre au Roi de Navarre, l'Hôpital féviſſoit rigoureuſement contre un Bachelier de Sorbonne, nommé Tanquerel, qui avoit oſé ſoutenir dans une Theſe, que le Saint Pere avoit le droit de dépoſer les Empereurs & les Rois. Le Chancelier expédia des Lettres Patentes par leſquelles le Préſident de Thou fut chargé d'informer contre Tanquerel, qui avoit auſſi-tôt diſparu. Son procès n'en fut pas moins inſtruit , & le Bedeau de la Faculté fit en ſa place amande honorable, & déclara qu'il ſe retraɛtoit & ſe repentoit d'avoir avancé une propoſition ſi téméraire & ſi condamnable.

Le Pape à ce coup d'éclat ne put diſ-ſimuler plus long-tems tout le chagrin que lui donnoit la conduite de l'Hôpital. Il écrivit à ſon Légat d'offrir au Roi une Bulle qui permettroit d'aliéner pour cent mille écus de biens-fonds Ec-cléſiaſtiques, (104) ſi l'on vouloit faire

(104) Raynald. 1762.

enfermer en une Prifon le Chancelier de l'Hôpital & fon ami Monluc, Evêque de Valence. Mais le Cardinal lui répréfenta, que dans les circonftances où l'on étoit, cette propofition loin de produire l'effet qu'il attendoit, ne ferviroit qu'à donner un prétexte au Roi pour s'emparer de cent mille écus, fans recourir à fa Bulle ; & que pour venger les Miniftres du Seigneur, il falloit attendre des tems où fa Loi fût plus refpeᶜtée.

Fin du Livre troifieme.

VIE

VIE

DE

MICHEL DE L'HÔPITAL,

CHANCELIER DE FRANCE.

✳✳✳✳✳✳✳✳✳✳✳✳✳✳✳✳✳✳✳✳✳✳✳✳✳✳✳

LIVRE QUATRIÈME.

I. *Nouveaux efforts du Chancelier pour établir la paix dans le Royaume.*

LE malheureux fuccès du Colloque de Poiffy, fit connoître au Chancelier les obftacles infurmontables qui s'oppoferoient toujours à la réunion des deux partis, dont les divifions menaçoient d'entraîner à la fin la ruine de l'Etat. Mais en renonçant au projet de reconcilier les Eglifes Proteftantes avec l'Eglife Catholique, il fe perfuada de plus en plus de la néceffité d'accorder aux Calviniftes le libre excercice de leur Religion; l'humanité, la piété, & l'amour du bien public, ne permettant d'envifa-

I

ger qu'avec horreur l'effroyable moyen
d'établir la paix du Royaume par leur
deſtruction & leur maſſacre. Quelques
oppoſitions que puſſent former à ſes des-
ſeins les fanatiques, les ambitieux, &
même le Pape, & le Roi d'Eſpagne,
qui menaçoit d'entrer en France à main
armée, pour y exterminer les Prétendus-
Réformés ; il n'en crut pas moins que
dans les conjonctures où il ſe trouvoit,
ce parti étoit le ſeul qui lui reſtoit à
prendre pour établir la paix du Royaume ; & il ſe promit de le ſoutenir au
péril même de ſa tête, s'il la falloit expoſer.

Le levain qui fermentoit toujours dans
les cœurs, produiſit pluſieurs émeutes
conſidérables dans le Royaume. Nombre de Moines & de Prêtres, accuſant
les Miniſtres Proteſtans de l'iſſue déplo-
rable du Colloque de Poiſſy, encoura-
geoient les Catholiques à recourir au fer
& au feu, pour forcer les Hérétiques à
ſe convertir (105). Un de ces Prédica-
teurs turbulens fut enlevé a Paris, par
ordre de la Cour. Chaque jour on craignoit de nouvelles ſéditions.

L'Hôpital voulut fixer le ſort des Pro-

_____

(105) Mém. de Cond. T. 2. p. 553.

teftans & celui de toute la Nation, par
un nouveau Réglement qui devînt une
Loi fondamentale du Royaume, & qu'on
fe fît un devoir indifpenfable de faire
rigoureufement obferver. Il penfa que,
pour établir & faire exécuter cette Loi,
il devoit s'appuyer de l'autorité des Tribunaux de Juftice du Royaume.

Il détermina Catherine à convoquer
une Affemblée (106), en laquelle tous
les Parlemens eurent ordre d'envoyer des
Députés, & où il attira tous les Magiftrats qu'il fçavoit affez fages pour défendre les intérêts de la Religion fans
trahir ceux de la patrie. Cette Affemblée fut indiquée à Saint-Germain-en-
Laye, pour le 17. Janvier 1562.

Ce jour arrivé, les Députés s'étant
rendus à Saint-Germain, le Roi ouvrit
lui-même l'Affemblée par l'expofition générale des motifs qui l'avoient engagé à
réunir les Magiftrats de fon Royaume,
qu'il croyoit les plus dignes de fa confiance. Il leur ordonna de parler avec
une entiere liberté, de ne confulter que
les lumieres de leur confcience (107),
d'écarter de leurs avis toute confidéra-

(106) Davil. l. 2.
(107) De Thou. l. 29.

I 2

tion particuliere (108), & de tout facrifier à la gloire de Dieu & au bien de l'Etat.

II. *Son Difcours à l'Affemblée de Saint-
Germain.*

Enfuite le Chancelier fit un Difcours
d'une éloquence familiere, mais forte &
folide. Il rendit compte d'abord, des
moyens par lefquels on s'étoit oppofé depuis le Regne de Henri II. aux progrès
de la Religion Proteftante ; il examina
quelles étoient les caufes de l'accroiffe-
ment prodigieux qu'elle avoit pris au milieu des perfécutions. Il repréfenta la fituation actuelle des Calviniftes, & démon-
tra la néceffité d'établir une Loi qui, fixant
leur fort, ôtât aux féditieux tout prétexte de troubler la tranquillité publique. Il
fit voir l'injuftice & l'inhumanité du confeil que l'on donnoit quelquefois au Roi,
de fe mettre à la tête d'un parti, pour
établir la paix fur les ruines de l'autre.

,, Eh! s'écria-t-il, où le Roi prendra-
,, t-il des foldats? parmi fes Sujets. Con-
,, tre qui les menera-t-il? contre fes Su-
,, jets. Quel fruit d'une victoire, qui,
,, de quelque côté qu'elle fe tourne, fe-

(108) Mém. de Condé, T. 2. p. 612.

,, ra également funeſte pour les vain-
,, queurs & pour les vaincus? Par quel
,, remede donc attaquer le mal qui nous
,, déchire ? D'abord , par la pureté des
,, mœurs, & par la régularité de la vie.
,, Telles étoient les armes de ces ſaints
,, Evêques qui ont défendu l'Egliſe con-
,, tre Arius , & contre les autres Hé-
,, rétiques. Je parle des Ambroiſes ,
,, des Chryſoſtômes, des Hilaires. Eh !
,, que ſi je leur compare les Evêques de
,, nos jours, je trouverai ſans doute qu'on
,, conſultoit mieux autrefois les intérêts
,, de la Religion. Pluſieurs voudroient
,, qu'on agitât de nouveau les queſtions
,, qui ont été déja traitées dans le Collo-
,, que de Poiſſy. Quant à moi , j'aban-
,, donne aux Théologiens les Contro-
,, verſes ſur la Religion , je ne m'at-
,, tache qu'à la Diſcipline , que je vou-
,, drois régler de telle ſorte , que tous
,, les Sujets du Royaume vécuſſent en
,, paix, & obéiſſent au Roi.

,, Quant à l'Edit de Juillet , voici ce
,, que j'en penſe ; c'eſt une Loi raiſonna-
,, ble en elle-même , mais trop ſévere ,
,, trop rigoureuſe pour être applicable
,, aux circonſtances dans leſquelles nous
,, nous trouvons. Elle me rappelle ce
,, mot de Cicéron à Caton, que, vivant

I 3

,, dans un fiecle corrompu , il fe com-
,, portoit comme s'il eût été dans la Ré-
,, publique de Platon. Je crois donc qu'il
,, eft nécesfaire d'adoucir, de modifier ce
,, dernier Edit. Voyez, examinez, don-
,, nez librement vos avis. Il ne s'agit pas
,, d'établir la Foi, comme je l'ai déja dit,
,, mais de régler l'Etat. On peut être
,, Citoyen fans être Catholique. Mon
,, opinion eft qu'il eft facile de vivre en
,, paix avec des gens qui n'obfervent pas
,, les mêmes cérémonies & les mêmes ufa-
,, ges que nous ; & que d'ailleurs nous
,, devons ici nous appliquer cet ancien
,, mot qui dit, qu'il faut ou pouvoir gué-
,, rir les défauts de fa femme , ou fça-
,, voir les fupporter.

Les voix fe partagerent, mais la pluralité fut pour modérer & adoucir l'Edit
de Juillet, & pour accorder aux Protestans la liberté de s'affembler & de prêcher
publiquement. En conféquence on dres-
fa l'Edit, qui, prenant fon nom du mois
dans lequel il fut publié, fut appellé l'E-
dit du mois de Janvier.

III. *Edit de Janvier* 1562. *pour fixer le
fort des Proteftans.*

Le Roi y ordonne que les Proteftans

rendront inceſſamment aux Eccléſiaſtiques, les Temples, les Maiſons, les Terres, & généralement tous les biens dont
ils ſe ſont emparés ; qu'ils reſpecteront la
Religion reçue, & ne feront rien qui puiſ-
ſe ſcandaliſer les Catholiques, ou troubler
la tranquillité publique ; & que les contrevenans à cet article ſeront punis de
mort ſans nulle eſpérance de pardon ; que
les Prétendus-Réformés ne pourront faire
d'Aſſemblées, ſoit publiques, ſoit particulieres, dans l'enceinte d'aucune Ville,
mais qu'ils pourront en tenir hors des Villes, ſans ſe voir inquiétés par les Magiſtrats ou les Juges des Lieux, qui ſeront
au contraire obligés de les protéger, &
de les mettre à l'abri des inſultes qu'on
pourroit leur faire. Que ſi ces Magistrats veulent entrer dans leurs Aſſemblées, ſoit pour y examiner la Doctrine
qu'on y enſeigne, ſoit pour y arrêter
quelques Citoyens accuſés de crimes, ils
les recevront avec reſpect, leur rendront
les honneurs dûs à leur charge, & leur
obéiront ſans délai. Que les Proteſtans
ne pourront célébrer aucun Synode qu'en
préſence du Juge, qu'ils ſeront obligés
d'y appeller ; que s'ils ont envie de dreſſer quelque nouveau réglement de Diſcipline, ils en conféreront avec lui, afin

I 4

que, s'il eſt néceſſaire, il le confirme &
l'appuye de ſon autorité. Qu'ils ne pourront créer parmi eux de Magiſtrats particuliers, établir de nouvelles Loix, lever des troupes & des contributions,
faire des aſſociations, ou des traités.
Qu'ils obſerveront enfin toutes les Loix
civiles & les Réglemens de Police, par-
ticuliérement ceux qui concernent les
jours de Féte, & les degrés de parenté
qui permettent ou défendent les mariages.
Que les Miniſtres s'engageront à n'en-
ſeigner que la Parole de Dieu purement
& ſimplement, & à ne rien avancer de
contraire au Concile de Nicée, au Symbole, & aux Livres de l'ancien & du
nouveau Teſtament. Le Roi y défend
de plus aux Catholiques, comme aux
Proteſtans, d'oſer dans leurs Sermons hazarder des invectives contre ceux qui
profeſſent l'une ou l'autre Religion; & il
enjoint enfin aux Magiſtrats de réſider
dans leurs Départemens; & s'il y arrive
la moindre ſédition, d'en rechercher
les auteurs, d'inſtruire leur procès, de
les condamner à mort, & de faire exécuter la Sentence ſans appel.

Auſſi-tôt que parut cet Edit, (109)

(109) De Thou, l. 29.

l'Hôpital fit renouveller l'Ordonnance qui obligeoit les Evêques & les Curés à la résidence, sous peine de voir leurs meubles vendus, & leurs Bénéfices déclarés impétrables. En même tems plusieurs Ministres des Protestans, (110) & les Députés des Provinces, adressèrent, par son ordre, aux Eglises réformées, des Lettres dans lesquelles ils leur mandoient de se soumettre aux volontés de la Cour, avec le respect & la reconnoissance qu'ils devoient aux bontés que le Roi daignoit avoir pour eux; d'obéir sans délai à l'ordre de restituer les Eglises & les biens enlevés aux Ecclésiastiques; de jouir en paix des avantages qui leur étoient accordés, & de se montrer dignes de la protection dont le Souverain les honoroit.

IV. *Oppositions de la part des Parlemens & mécontentemens des Catholiques zélés.*

Il s'éleva un murmure général dans toute la France, & plusieurs refuserent d'enregistrer cet Edit, auquel cependant il sembloit que tous avoient eu part. Celui de Paris députa le Président de Thou & le Président de la Faye, pour faire

(110) Mém. Cond. T. 3. p. 41.

des Remontrances, dans lefquelles ils re-
préfenterent tous les inconvéniens qu'entraîne à fa fuite la tolérance civile, &
les dangers auxquels on expofoit les Sujets d'un Etat où l'on autorifoit une Secte qui, devant faire fans ceffe de nouveaux efforts pour s'étendre & fubjuguer
les efprits, pourroit infenfiblement miner
& détruire la véritable Religion, la feule que l'avantage commun des Sujets du
Royaume demandoit qu'on foutînt &
qu'on protégeât.

Le Chancelier leur répondit, qu'ils devoient bien fentir que, dans la trifte fituation où étoit l'Etat, le Roi ne pouvoit employer, pour établir la paix, que
trois moyens différens ; (111) qu'il falloit exterminer tous les Proteftans, ou
les bannir à perpétuité hors du Royaume, en leur permettant de vendre &
d'emporter leurs biens, ou enfin leur accorder le libre exercice de leur Religion :
que le premier de ces partis faifoit horreur, & étoit impraticable, que le fecond portoit un coup mortel à l'Etat,
fans être utile à la Religion, & que le
troifieme étoit le feul auquel l'humanité,

_____

(111) Pafq. l. 4. & 13. De Thou, l. 29. Mém.
Cond. T. 3.

la raifon, la Religion même permettoient de s'arrêter.

Le Parlement refufa longtems d'obéir, & ne confentit à l'enrégiftrement qu'au moyen de cette modification, qu'il fit mettre à l'Edit, *par provifion, jufqu'à la détermination d'un Concile général, ou qu'autrement par nous ait été ordonné.*

Cet Édit acheva de perdre l'Hôpital dans l'efprit du Pape, & le lui fit regarder comme l'ennemi le plus dangereux de l'Eglife Catholique. On ne parloit plus à Rome du Chancelier que comme d'un Hérétique, (112) qui facrifioit les intérêts de la Religion à une vile populace, & qui trahiffoit à la fois fes Maîtres & la Religion. „ La plus maligne politique, „ difoit-on, fervoit dans cet Edit infer- „ nal à couvrir les impiétés les plus noi- „ res; & il ne fembloit vouloir d'abord „ affurer l'autorité des Catholiques, que „ pour lui porter des coups d'autant plus „ fûrs qu'on les appercevoit moins.

Une partie de la France entra dans le reffentiment dont Rome étoit animée, & l'Hôpital ne fut plus aux yeux de la plûpart des Catholiques, qu'un protecteur de l'Héréfie, qui avoit pour objet de

(112) Raynald 1762.

l'établir fur les ruines de l'Etat & de la Réligion. Le Recteur de l'Univerſité oſa même addreſſer une Requête au Parlement, dans laquelle il outrageoit avec indignité le Chancelier. Mais ce Théologien fanatique n'ayant pas été admis à l'Audience le jour même qu'il s'y étoit annoncé, & devant y être reçu le lendemain (113), le Roi donna ordre au Maréchal de Montmorenci de l'envoyer chercher, & de le menacer d'une punition févere, s'il avoit l'audace de préſenter ſa Requête ; & en même tems il fut fait défenſe au Parlement de lui accorder audience.

Preſque tous les Moines & les Prêtres ſe laiſſerent emporter par cet eſprit de vertige (114), & ſoufflerent de tous côtés le feu de la diviſion & de la révolte. Peut-être néanmoins les eſprits ſe fuſſent-ils calmés, ſi les Proteſtans, profitant des ſages conſeils que leur avoient donnés les plus éclairés d'entre leurs Miniſtres, euſſent voulu jouir paiſiblement des bienfaits de la Cour. Mais ceux qui croyent défendre les intérêts du Ciel, n'entendent point la voix de la raiſon.

(113) Mém. de Cond. T. 3. p. 41.
(114) Caſt. p. 78. Dav. l. 2. De Thou, l. 29.

Les Proteſtans au lieu de reſtituer les E-
gliſes dont ils s'étoient emparés , en pil-
lerent encore d'autres , attaquerent les
Catholiques dans pluſieurs Villes , & leur
firent trop appercevoir que des perſécu-
tés ſont toujours prêts à devenir des per-
ſécuteurs. Ceux-ci ne virent qu'avec
tranſport les mêmes hommes, que la veille on traînoit ſous leurs yeux ignomini-
euſement au ſupplice , prétendre marcher
leurs égaux ; le déſir de ſe venger anima
tous les cœurs , & tout étoit préparé
pour une révolution , dont on ne parois-
ſoit plus attendre que le ſignal.

V. Mouvemens du Duc de Guiſe ; commen-
cement de la guerre civile : conduite du
Chancelier.

Le Duc de Guiſe voyoit avec joie ſe
former tous ces orages , jugeant bien
qu'il ne pourroit qu'à l'aide de la tempête, remonter à la place d'où il avoit
été renverſé. Il crut devoir quitter ſes
Terres où il étoit alors , & ſe rendre à
Paris. Il voulut paſſer à Vaſſy , où les
Aſſemblées des Proteſtans étoient fré-
quentes & nombreuſes. Ses Gens mal-
traiterent de paroles les premiers qu'ils
rencontrerent (Mars 1562) ; & les Cal-

viniftes leur ayant répondu avec hauteur, ils fondirent fur eux, & maffacrerent tout ce qui fe trouva fous leurs mains. Le Duc parut faire ce qu'il put pour les arrêter, & il fut même bleffé d'un coup de pierre, en fe mélant parmi eux pour faire ceffer le combat. Mais fes Gens ne craignirent point de lui déplaire en lui défobéiffant, & il ne dût point être fâché d'un incident qui avançoit les troubles par lefquels il comptoit fe relever. Le Prince Lorrain arrive à Paris (115), & y eft reçu aux acclamations des Catholiques, & béni comme l'homme que Dieu envoie pour fauver fon Peuple des mains de l'impie. Toute la foule des mauvais Citoyens qui trouvoient dans la guerre civile des reffources pour s'établir une fortune fur les ruines de la France, vint augmenter fon cortege.

En un inftant on vit fon parti fe groffir des têtes les plus illuftres. Mais parmi ceux qui pouvoient lui donner le plus d'éclat, on diftinguoit le Connétable de Montmorenci & le Maréchal de Saint-André. Le premier étoit un vieux Seigneur, fier des emplois qu'il avoit occupés, des fervices réels qu'il avoit rendus à l'E-

(115) De Thou. I. 29.

tat , des Charges éminentes qu'il poffé-
doit, & inviolablement dévoué au maintien de la Religion Catholique. Il s'étoit
vu fous le dernier Regne , outragé &
perfécuté par les Guifes qui craignoient
fa probité, & qui l'avoient fait dépouiller de la Charge de Grand-Maître de la
Maifon du Roi, pour la faire entrer dans
leur Famille; mais fon fanatifme ou fon
devoir plus fort que fes reffentimens , &
le dépit que lui caufoit la faveur d'un
homme né dans l'obfcurité, le porterent
à fe ranger fous les étendarts du Duc de
Guife, auprès duquel il fe contenta de la
feconde place.

Pour Saint-André, c'étoit un vrai fa-
vori. Il avoit toujours vécu dans la molleffe, dans la recherche des plaifirs, dans
un luxe auquel tous les revenus de l'Etat
euffent à peine fuffi. Les agrémens qu'il
avoit répandus fur fa frivolité , lui en
avoient fait un mérite aux yeux d'une
partie de la Nation légere & inconféquente , près de laquelle les graces
même fans vertu ont prefque toujours
obtenu le fuccès le plus brillant. Sa
fortune & des dons immenfes qu'il avoit
reçu de la libéralité de Henri II. avoient
été bientôt diffipés, & la guerre civile
alloit faire entrer dans fes coffres les dé-

pouilles de tous les Religionnaires, dont les opinions d'ailleurs lui étoient affez indifférentes.

Catherine voyoit à chaque inftant gros-fir l'orage, qui menaçoit d'entraîner la ruine totale de l'Etat. Inquiette, incer-taine, en proie à toutes fes frayeurs, craignant également de fe livrer à l'un ou à l'autre parti, elle ne voyoit que précipices ouverts fous fes pas.

Le Chancelier jugea dès ce moment la guerre civile inévitable. Dans la néces-fité où il vit le Roi de fe déclarer pour l'une ou l'autre caufe, il crut qu'il ne de-voit pas embraffer le parti Catholique, dont le Chef, plein de vues profondes d'une ambition démefurée, étoit intéreffé à faire éternellement durer les troubles. (116) Il détermina donc Catherine à écri-re au Prince de Condé, pour lui recom-mander fes Etats & fon Fils, avec qui el-le vouloit fe mettre entre fes mains.

La Lettre de la Reine Mere fut portée à Paris, où tout étoit alors dans la plus violente agitation. Le Prince de Condé, qui eut avec peine laiffé le Duc de Guife maître de la Capitale dans un moment qui paroiffoit décifif, lui propofa de s'en éloigner

(116) Dav. l. 2. De Thou, l. 29.

éloigner tous les deux ; & le Prince Lorrain y ayant confenti, ils en fortirent
en même tems. Cependant le Prince de
Condé va ramaffer quelques troupes pour
les amener à la Reine Mere ; mais le
Duc de Guife qui pénetre fon deffein,
& qui juge combien il importe aux Catholiques que le Roi paroiffe autorifer
leur conduite & foit vu à leur tête, en
quittant la Capitale, fe rend, avec une
fuite d'environ douze cens chevaux,
droit à Fontainebleau où étoient le Roi
& la Reine Mere, les emmene prifonniers, & rentre avec eux dans Paris, où
il fait fervir fes Maîtres à fon triomphe.
Le Roi de Navarre fut affez imprudent
pour appuyer de fon nom, & de l'autorité que lui donnoit fa charge de Lieutenant-Général du Royaume (117), cette violence qui affuroit la fortune & la
grandeur de fon plus redoutable ennemi.

Ce coup fut affreux pour l'Hôpital. Il
ne garda plus aucunes mefures, il parla
contre les auteurs des troubles, avec
une chaleur qui expofoit à chaque inftant
fa tête : il s'oppofoit à tout. Sa préfence au Confeil, fi l'on peut appeller de
ce nom des Affemblées de Conjurés, y

(117) Mém. Caft. 85

K

fufpendoit toutes les délibérations. Le Connétable lui dit un jour , qu'un homme de Robe ne devoit pas entrer dans un Confeil qui avoit la guerre pour objet (118). *Si je ne fçais la faire*, lui répondit-il, *au moins fçais-je quand elle eft néceffaire*. Il fut cependant exclus du Confeil (119). Mais telle étoit la réputation dont il jouiffoit, que le Prince de Condé en publiant fon Manifefte contre le Triumvirat, y donna cette exclufion comme une preuve fans replique des projets formés contre l'Etat. Le Chancelier fit donner alors un Édit qui confirmoit celui de Janvier, pour engager les Proteftans à ne prendre les armes qu'à la derniere extrémité. Catherine fit des propofitions de paix à l'un & à l'autre parti; mais les Proteftans ne voulurent rien entendre , que le Duc de Guife n'eût d'abord congédié fes troupes ; & celui-ci étoit bien éloigné de confentir à un tel accommodement.

Enfin les hoftilités commencerent. Mais je ne m'arréterai point ici à tracer un tableau des crimes affreux qui furent commis pendant cette Guerre : il

(118) De Thou, 1. 29. Pafq. l. 4. Lett. 15.
(119) Davila. Caft. 92. Mém. Cond. T. 3. & T. 1. p. 187.

feroit frémir tous les hommes, & ne les corrigeroit pas. Il me fuffit de dire qu'on ne connut plus en France de Loix, d'honneur, de Religion. Une rage s'empara de tous les cœurs; on croyoit gagner le Ciel en égorgeant fes freres; le Pape écrivoit au Capitaine Monluc, *que c'étoit un moyen affuré de l'obtenir*; des Magiftrats abandonnoient leurs Tribunaux, pour aller tremper leurs mains dans le fang de l'Hérétique. On rendit des Arrêts qui ordonnoient d'affaffiner tout Proteftant. Tous ceux qui furent traduits devant les Tribunaux de Juftice, furent condamnés à la mort. Le Parlement de Paris déclara criminels de Léze-Majefté tous les partifans du Prince de Condé.

L'Hôpital, accablé fous le poids des maux de l'Etat, faifoit d'inutiles efforts pour foulager fa patrie (120). Il donnoit des Edits, & l'on donnoit des Batailles. Il écrivoit à tous les Magiftrats, de fe fervir de leur autorité pour faire rentrer les Citoyens dans leur devoir. Il employoit les menaces, la raifon, la priere; mais on n'entendoit plus que le cri du fanatifme.

Cependant fix mois de guerre produi-

(120) De Thou, l. 32. 33, Mém. Cond. T. 2.

firent en France des événemens qui changerent l'état des affaires. Chaque parti eut d'abord des succès heureux & malheureux ; mais bientôt la fortune se déclara en faveur des Catholiques ; les Proteſtans perdirent pluſieurs Villes. Rouen fut pris & ſaccagé par les trou‑ pes du Triumvirat, & le Roi de Navar‑ re fut bleſſé ſous ſes remparts, & mou‑ rût peu après. Les Réformés par‑tout battus, par‑tout humiliés, attendoient leur ſalut du ſort d'une Bataille, qui pa‑ roiſſoit inévitable. Mais leur armée fut entiérement défaite auprès de Dreux ; & le Prince de Condé fait priſonnier, voyoit en quelque ſorte dreſſer l'échafaut ſur le‑ quel il devoit laiſſer ſa tête. L'armée Catholique pouſſant ſes ſuccès, mit le ſiege devant Orléans. Elle venoit de ſe ſaiſir d'une tour qui en aſſuroit la priſe : les Proteſtans n'avoient plus de reſſour‑ ces que dans leur déſeſpoir, & dans quel‑ ques troupes qu'avoit ramaſſé en Nor‑ mandie l'Amiral de Coligni. (Fevr. 1563.) Mais le Duc de Guiſe n'étoit plus, & la paix étoit rétablie.

VI. Mort du Duc de Guise ; son caractere. La paix se fait par les soins du Chancelier.

Telles étoient les révolutions attachées à la mort de cet homme extraordinaire, qui périt par le fanatisme qu'il encourageoit, & se vit assassiner par un Protestant, qui crut devoir le sacrifier au bien de sa cause. Ce Prince possédoit d'éminentes qualités, & toute sa conduite est, pour des ambitieux. un modele de sagesse & de profondeur. Les passions de son Siecle furent la base sur laquelle il éleva tous ses projets, & elles lui fournirent tous les moyens de les faire réussir. Il les méditoit avec la patience du Politique, & les exécutoit avec la chaleur du Héros. Toujours maître de lui-même, il posséda dans un dégré supérieur le grand art de voiler l'amour de son intérêt particulier, de l'amour de l'intérêt public, & il sçut entretenir même après sa mort le charme dont tous les yeux étoient fascinés. Pour que rien enfin ne lui manquât de tout ce qui pouvoit contribuer à sa grandeur, la Nature l'avoit doué de ces dehors qui séduisent le vulgaire, & qui produisent une eſpece d'enchantement lorſqu'ils font foutenus par un mérite réel.

Auſſi-tôt après la mort du Duc de Guiſe, la Reine Mere avoit propoſé la paix au Prince de Condé, qui l'avoit acceptée ; & le Chancelier étoit occupé à en régler les articles. On accorda aux Seigneurs Juſticiers l'exercice libre & public de leur Religion dans l'étendue de leur Seigneurie. On permit à tous les Nobles de la profeſſer dans leur maiſon feulement, pourvu qu'ils ne demeuraſſent pas dans des Villes ou Bourgs ſujets à de hautes Juſtices, excepté celles du Roi (Mars 1563). Il fut arrêté que dans tous les Bailliages reſſortiſſans immédiatement aux Cours de Parlement, il feroit aſſigné aux Proteſtans une Ville pour y faire l'exercice public de leur Religion ; & on leur confirmoit la liberté de tenir leurs Aſſemblées dans toutes celles dont ils étoient maîtres avant le 7. de Mars. L'Edit portoit encore le pardon & l'oubli de tout le paſſé, & déclaroit le Prince de Condé bon parent, fidele Sujet, & ſerviteur du Roi.

VII. *Mécontentement des différens partis:*
le Chancelier notifie les ordres du Roi au
Parlement.

Cette paix déplut aux Catholiques &
aux Proteſtans. Les premiers, quelques
jours auparavant ſe flattoient de voir les
Hérétiques entiérement détruits en France, (121) & ne s'attendoient pas qu'ils
puſſent ſi heureuſement ſortir d'une
Guerre dans laquelle ils avoient été vaincus. Les autres eurent la préſomption
d'imaginer que n'ayant plus de Duc de
Guiſe à combattre, ils auroient pu forcer
les Catholiques à ſouſcrire aux conditions
qu'ils euſſent voulu leur impoſer. Les
Parlemens firent d'abord quelques difficultés de recevoir l'Edit; mais à la fin ils
l'enrégiſtrerent, quoique naturellement
on n'osât trop ſe flatter de leur voir approuver cette pacification, après la conduite qu'ils avoient tenue pendant la
guerre civile.

On juge aiſément de l'effet de cette
conduite ſur l'eſprit de l'Hôpital, & des
ſentimèns qu'avoient produits en lui les
Arrêts de ſang qu'il avoit vu ſortir en

(121) Rainald. 1563. Mém. Caſt. p. 152.

foule de nos Tribunaux de Juſtice. Etant informé que pluſieurs Membres du Parlement déſapprouvoient hautement la paix qu'il venoit de faire, il engagea le Roi à mander à la Compagnie de lui envoyer une Députation à Saint-Germain-en-Laye où étoit alors la Cour. Le Chancelier leur dit, que le Roi avoit été inſtruit de quelques diſcours qui s'étoient tenus dans ſon Parlement ſur l'Edit de pacification; qu'il ne pouvoit s'empêcher de leur marquer combien il en étoit mécontent; qu'il vouloit qu'il fût exécuté, ſans qu'on éxaminât s'il pouvoit l'être : que Sa Majeſté leur défendoit d'exiger une Profeſſion de Foi de ceux qui ſe préſenteroient pour remplir des Charges, (122) & qu'Elle ordonnoit qu'on fît ſortir des priſons tous ceux qui y étoient retenus pour cauſe de Religion.

VIII. *Pour faire une diverſion, il engage la Guerre avec les Anglois.*

Enfin l'Hôpital, pour calmer les fermentations qui aigriſſoient toujours les eſprits, jugea qu'une Guerre étrangere, en réuniſſant tous les différens partis

_____

(122) Mém. de Cond. T. 4. p. 349.

contre un ennemi commun , pourroit être avantageufe à la Nation. Il fub-fiftoit depuis long-tems une raifon de rupture avec l'Angleterre. Henri II. s'étoit emparé de Calais ; & s'étoit en-gagé de le rendre aux Anglois, s'ils é-toient fix ans fans faire la guerre à la France. Mais ceux-ci n'ayant point exé-cuté cette convention, ils avoient per-du tous leurs droits fur cette Place. La Reine Elifabeth, pour forcer la Cour de France à la lui remettre, s'étoit depuis emparée du Havre-de-Grace, fous le pré-texte de l'enlever aux Proteftans avec qui le Roi étoit en guerre, & elle parois-foit déterminée à ne s'en défaifir que lorfqu'on lui céderoit Calais. L'Hôpital engagea Catherine de Médicis à faire les difpofitions néceffaires pour le fiege du Havre, fi la Reine d'Angleterre refufoit de le reftituer.

Quoique cette Guerre ne parût pas de-voir être de longue durée, elle obligeoit cependant à des dépenfes confidérables. La guerre civile avoit totalement épuifé le Tréfor Royal, & ravagé les campa-gnes ; les Villes avoient été pillées ou foulées par des exécutions militaires. L'Hôpital, qui avoit pour maxime cons-tante de foulager le peuple qu'il trouvoit

déja trop chargé , fentoit l'impoffibilité
de lui rien demander. Il eut donc encore recours au Clergé ; & le Maréchal de
Montmorenci reçut ordre de porter au
Parlement des Lettres-Patentes, (123)
qui ordonnoient l'aliénation de cent mille écus d'or de rente en fonds de terre,
des domaines Eccléfiaftiques. Le Parlement en refufa la vérification, fur le
principe que les biens de l'Eglife font
inaliénables. Le Roi & la Reine Mere
s'y tranfporterent, fuivis du Chancelier.
La caufe du Clergé fut longuement plai-
dée ; le tems fe paffa en conteftations, &
rien ne fut décidé.

IX. *Il force le Clergé de contribuer aux befoins de l'Etat.*

L'Hôpital voulant terminer cette affaire, qu'il craignoit de voir traîner en
longueur, fit publier l'Edit d'aliénation.
Le Clergé réclama en faveur de fes privileges & de fes immunités : fon Syndic
fit des Remontrances. L'Edit fut néanmoins exécuté à la rigueur ; & quelque
tems après le Clergé fe détermina (124)

(123) Mém. Cond. Tom. 1. p. 128.

124) Ibid. T. 1. p. 141.

à racheter les biens aliénés pour une fomme de trois millions trois cens trente
mille livres.

X. *Mecontentement du Pape, à qui le Chancelier avoit écrit.*

Le Pape fe tint très-offenfé de ce qu'au
mépris de fon autorité, on difpofoit des
biens de l'Eglife fans fon confentement;
& il sen exprima en termes d'autant plus
injurieux pour l'Hôpital, que celui-ci
lui avoit écrit depuis peu une Lettre trop
pleine de vérités, pour ne pas irriter un
Pontife accoutumé à la flatterie. Le Chancelier fatigué des plaintes que formoit
fans ceffe contre lui le Saint Pere, lui
mandoit, qu'il fçavoit qu'on cherchoit à
le noircir dans fon efprit, & à le lui préfenter comme un ennemi de la Cour de
Rome & de la Religion Catholique; qu'il
s'appercevoit avec douleur (125) qu'on
vouloit lui infpirer des fentimens qu'il ne
méritoit pas; que le vrai motif de la haine qu'avoient conçue contre lui plufieurs
Catholiques, étoit l'ardeur qu'il avoit toujours témoigné pour réformer la licence
& le déréglement des Moines & des Ec-

(125) Raynald. 1563.

cléfiaftiques; que véritablement il voyoit avec beaucoup de peine, que des richesfes qui devoient être confacrées au bien de l'Eglife & à l'avantage des Fideles, fuffent employées à des ufages criminels par des hypocrites & des ambitieux; qu'il avoit toujours cru, que la Religion, l'honneur & la probité, l'obligeoient également de remédier aux défordres. ,, fans doute j'ai eu tort, ajoutoit-il, ,, de vouloir m'oppofer à ce torrent; & ,, j'euffe peut-être mieux fait de m'ac- ,, commoder au tems préfent. Mais, ,, Très-Saint Pere, telle eft ma façon ,, d'être, que l'âge m'a encore rendu plus ,, fâcheux & plus difficile."

XI. *Le Havre eft repris fur les Anglois:* *le Chancelier s'applaudit de la concorde qui* *regne entre les Sujets du Roi.*

La Guerre cependant avoit été déclarée aux Anglois, & la Ville du Havre affiégée par le Connétable de Montmorenci. Les ouvrages furent pouffés avec une ardeur incroyable, (126) les Catholiques & les Proteftans fe difputant l'honneur de montrer le plus de valeur & de zele

(126) De Thou, l. 35.

pour le fervice du Roi. Les Princes de Condé & de Montpenfier, les Montmorenci, ne fortoient point de la tranchée. Les Anglois étoient confondus de voir regner tant d'intelligence entre des hommes qui quelques jours auparavant fe combattoient avec fureur ; & le Comte de Warwick, Gouverneur de la Place, après avoir foutenu huit jours de fiege, fe vit forcé de capituler.

Le Roi & la Reine Mere fe rendirent au Camp, & furent reçus au milieu des acclamations d'une armée victorieufe. Le Chancelier triomphoit ; ,, Où font, di-,, foit-il en montrant les Catholiques & ,, les Proteftans, où font parmi eux les ,, meilleurs Citoyens ? les plus braves ,, Soldats ? les plus ardens ferviteurs du ,, Roi ? Voila pourtant les effets de cet- ,, te paix dont on ofe fe plaindre ! Elle ,, réunit la Famille Royale ; nous rend ,, à tous des freres, des amis, des pa- ,, rens ; établit notre fûreté commune, ,, & fait reconnoître à tous les peuples, ,, une Nation refpectable par fes vertus ,, & par fa puiffance."

Fin du Livre quatrieme.

VIE

DE

MICHEL DE L'HÔPITAL,

CHANCELIER DE FRANCE.

✻❀✻❀✻❀✻❀✻❀✻❀✻❀✻❀✻❀✻❀✻❀✻❀✻❀✻

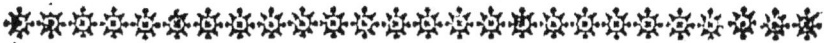

LIVRE CINQUIEME.

I. *Caractere du jeune Roi Charles IX. Il
est déclaré majeur à Rouen.*

CHARLES IX. étoit alors dans l'âge où
le cœur ouvert à toutes les impres-
sions, se porte vers le bien, & s'éloigne
du mal selon qu'on lui présente les objets
qui peuvent lui rendre la vertu aimable
& le vice odieux. Le Chancelier profi-
toit de la facilité qu'il avoit d'aborder le
Roi, pour l'instruire dans les principes
sur lesquels il eut voulu le voir gouverner. Charles lui faisoit alors concevoir
des espérances, que malheureusement il
ne remplit point ; & il montroit une ame
sensible, que la superstition & l'orgueil

n'avoient pas encore rendue féroce.

Quoiqu'il ne fît qu'entrer dans sa quatorzieme année, l'Hôpital crut qu'il seroit avantageux au bien public de le faire déclarer Majeur, conformément à une Loi de Charles V. par laquelle ce Prince établit que nos Rois seroient capables de gouverner leur Royaume aussi-tôt qu'ils auroient atteint cet âge. Le Chancelier persuada Catherine, que ce seroit un moyen assuré d'éloigner du Gouvernement tous les Chefs de parti ; & que, sous le nom du Roi son fils, elle jouiroit d'un pouvoir qu'il lui seroit alors plus facile de faire respecter.

La Cour, aussi-tôt après la prise du Havre-de-Grace, s'étant rendue à Rouen, le Roi y alla au Parlement pour se faire reconnoître Majeur. Il dit qu'ayant atteit l'âge de Majorité, il vouloit employer au bonheur de ses Sujets, le nouveau dégré d'autorité qu'il venoit d'acquérir ; qu'il ne vouloit plus souffrir la résistance que plusieurs de ses Sujets avoient osé dans les derniers tems opposer à l'exécution de ses volontés ; qu'il prétendoit que le dernier Edit de pacification fût rigoureusement observé dans toute l'étendue de ses Etats; qu'il exhortoit les Magistrats de son Parlement à veiller à ce qu'il fût exactement suivi dans leur reſſort, & à répondre par leur ſageſſe & par leur zele à la confiance dont il les honoroit.

II. *Diſcours du Chancelier à ce ſujet ; &c.*

Enſuite le Chancelier parla : il commença par préſenter un tableau des avantages que recueilloit déja la Nation du dernier Edit, qui avoit rétabli la paix. Il s'expliqua en peu de mots, mais d'une maniere vive & frappante ſur les troubles intérieurs de l'Etat. Puis il en vint à la Majorité, & voulut faire voir que la Loi publiée par Charles V. (127) étoit une Loi ſage, qu'il étoit néceſſaire de faire revivre, & qui pouvoit ſauver le Royaume des malheurs auxquels il ſeroit expoſé pendant de trop longues minorités. „ Quoique le Roi ne faſſe qu'en- „ trer actuellement dans ſa quatorzieme „ année, elle doit être ſenſée accomplie, „ ajouta-t-il ; les Loix, à la vérité, exi- „ gent que l'on compte du moment au „ moment lorsqu'il s'agit de la reſtitution „ & de l'adminiſtration des biens d'un pu- „ pile, mais elles permettent auſſi de re- garder

(127) Fontanon, rec. des Ordonn.

„ garder l'année commencée comme année
„ complette, lorfqu'il s'agit d'acquérir
„ des honneurs." * Enfuite l'Hôpital
adreffant la parole aux Magiftrats du
Parlement, leur dit: „ Je viens à vous
„ qui tenez la Juftice du Roi, dont moi
„ indigne fuis le Chef : il me déplait
„ beaucoup du défordre qui eft en cet-
„ te Juftice, Meffieurs. Je ne vous
„ parlerai point des préceptes qui en-
„ feignent la maniere de bien juger ; car
„ vous en avez vos Livres pleins. Vous
„ admonefterai feulement comment vous
„ devez vous comporter en vos juge-
„ mens : devriez bien n'y apporter d'ini-
„ mitié, de faveur, ni de préjudice.
„ Vous penfez bien faire d'adjuger la
„ caufe à celui que vous eftimez plus
„ homme de bien, un meilleur Chrétien;
„ comme s'il étoit queftion d'arrêter en-
„ tre les parties, lequel d'entre eux eft
„ meilleur poëte, orateur, peintre, ar-
„ tifan, & non de la chofe qui eft ame-

* Je n'ai garde, dit M. le Préfident de Montef-
quieu, de cenfurer une difpofition qui jufqu'ici ne
paroît pas avoir eu d'inconvéniens. Je dirai feulement que la raifon qu'alléguoit le Chancelier de
l'Hôpital, n'étoit pas la vraie ; il s'en faut bien
que le gouvernement des Peuples ne foit qu'un
honneur. Efpr. des Loix, l. 2. p. 255.

L

„ née en jugement. Si vous ne vous
„ fentez affez forts pour commander vos
„ paffions, abftenez - vous de l'office de
„ Juges. Vous faites ici trop de cas de
„ l'opinion publique, & imitez le Sage
„ de qui dit le Poëte :

Non ponebat enim rumores ante falutem.

„ Ne fongez qu'à mériter la bonne répu-
„ tation, & elle vous viendra. Gardez-
„ vous fur-tout de la convoitife, d'un
„ vil gain : la marchandife eft chere lorf-
„ qu'on l'achete avec perte de los & de
„ gloire. J'aime mieux la pauvreté du
„ Préfident de la Vacquerie, que la ri-
„ cheffe du Chancelier à qui fon Maître
„ fut contraint de dire : C'eft trop, Ro-
„ lin. Enfin les bonnes gens fe plai-
„ gnent ici de la longueur & de la mul-
„ tiplication des procès : c'eft que cha-
„ cun veut vivre de fon métier. Vous
„ ferez cependant bien d'y mettre or-
„ dre.

III. *Le Parlement de Paris fait difficulté
fur l'Edit de Majorité enrégiftré à Rouen.*

Le Roi fut reconnu Majeur dans les
formes ordinaires, & l'Edit de Majorité

fut publié au Parlement de Rouen, &
enfuite porté au Parlement de Paris, qui
refufa de le reconnoître, & qui envoya
des Députés à la Cour, pour expofer au
Roi les raifons fur lefquelles ils appuyoient
leur refus d'enrégiftrement. Ils remon-
trerent, qu'il étoit contre l'ufage ordinaire de vérifier aucun Edit au Parlement
de Rouen, avant qu'il eût été vérifié
au Parlement de Paris. Ils fe plaignirent
enfuite des fentimens de tolérance répandus dans l'Edit, & parurent mécontens
d'un article par lequel le Roi ordonnoit
qu'on défarmât les Parifiens, qu'il falloit, difoient-ils, laiffer en état de défendre la Capitale, qu'on devoit regarder
comme la fortereffe de la France.

Le Roi leur répondit lui-même, (128)
que l'Edit qu'il avoit publié, ne l'avoit
été que fur l'avis de la Reine Mere &
de toute la Cour; qu'il l'avoit publié dans
le lieu où la fituation & la nature de fes
affaires l'obligeoient de réfider; qu'il
avoit au furplus à leur dire, qu'ils n'ima-
ginaffent pas en agir déformais avec lui
comme ils avoient fait jufqu'alors, en
entrant indifcrétement dans plufieurs affaires, dont la connoiffance ne leur ap-

_____

(128) De Thou, l. 25.

partenoit point; & qu'ils fe défiffent de
cette vieille erreur dans laquelle on les
avoit élevés, & qui leur perfuadoit,
qu'ils étoient les Tuteurs des Rois, les
Défenfeurs du Royaume, & les Gardiens
de la Ville de Paris.

Les Députés étant de retour à Paris,
le Parlement ordonna de nouvelles Remontrances, auxquelles la Cour ne répondit que par un Arrêt du Confeil, qui
caffoit celui du Parlement, lui enjoignoit
d'enrégiftrer le dernier Edit publié dans
le Parlement de Rouen, fans y ajouter
aucunes reftrictions ou modifications; &
qui ordonnoit que la minute du dernier
Arrêté du Parlement de Paris fût biffée.

IV. *Affaire de la réception du Concile de
Trente : raifons pour lefquelles le Chancelier s'y oppofe.*

La Nation commençoit à peine à jouir
d'un repos qu'elle devoit au Chancelier
de l'Hôpial, que de nouveaux orages parurent prêts à fondre fur elle. Le concile de Trente venoit d'être terminé, &
les partifans de la Cour de Rome fe pro-
pofoient de le faire recevoir par la Cour
de France, qui fe montroit fort éloignée
d'avoir cette condefcendance pour le Pa-

pe, dont elle avoit lieu d'être très-mécontente.

Quelque tems après que Pie IV. eut
raffemblé à Trente les Peres du Concile,
la Reine Mere y avoit envoyé à fes Am-
baffadeurs un Mémoire dans lequel on
avoit renfermé avec précifion toutes les
demandes que le Roi avoit à faire fur la
réformation de la Difcipline Eccléfiaftique dans fes Etats. Ces Inftructions portoient fur les mêmes objets, fur lefquels
nous avons déja vu Catherine preffer le
Pape de fe rendre plus facile en faveur
du befoin que l'on avoit de la paix. (129)
Ce Mémoire, auquel le Chancelier avoit
eu grande part, avoit été approuvé dans
un Confeil & figné du Roi, de la Reine
Mere, & des Grands. On avoit en même-tems inftruit le Cardinal de Lorraine
de ce qu'il contenoit, afin qu'il pût, de
concert avec les Evéques de France qui
étoient à Trente, déterminer les Peres
du Concile à fatisfaire la Cour de France
fur ce qu'elle fe croyoit en droit d'exiger
d'eux. Mais le Pape eut l'adreffe de gagner le Cardinal de Lorraine, & de lui
faire facrifier les intérêts de fon Maître,
& ceux de l'Etat, à l'efpérance chiméri-

(129) Fra Paolo.

L 3

que, qu'il fçut lui faire concevoir, de
parvenir un jour au Souverain Pontificat.
Arnaud du Ferrier, Ambaffadeur du Roi
au Concile, fe voyant trahi par les Prélats François qui devoient appuyer fes
follicitations, protefta, au nom de fon
Maître, contre le Concile, dont plufieurs Décrets attaquoient ouvertement
non feulement les privileges de l'Eglife Gallicane, mais encore l'autorité du
Roi.

La chaleur avec laquelle du Ferrier
avoit fuivi les Inftructions qui lui avoient
été envoyées par fa Cour, & les liai-
fons qu'il y avoit toujours eu entre lui
& l'Hôpital, firent croire à quelques
Catholiques zélés, que l'Ambaffadeur a-
voit moins confulté dans fa conduite les
intentions de fes Maîtres, qu'il ne s'étoit
laiffé diriger par les confeils que lui avoit
donné le Chancelier. C'eft fur ce fonde-
ment que quelques Hiftoriens ont témé-
rairement avancé, (130) que ces deux
hommes avoient formé entre eux le projet de détacher la France de la Communion Romaine, & de faire déclarer, à
l'exemple de l'Angleterre, le Roi Chef
de l'Eglife, afin de s'emparer de tous les

(130) Raynald. Ecaus.

biens du Clergé, de qui ils avoient, dit-
on, juré la ruine.

Le Concile étant terminé, il fut question d'en faire recevoir tous les Décrets
en France : il n'étoit pas possible que
dans les principes où étoit l'Hôpital, il
ne crût devoir s'y opposer. Le Concile, premiérement, séparoit pour toujours
les Proteſtans de la Communion Romaine ; mais quoique le Chancelier sentît
alors l'impossibilité de pouvoir jamais
concilier & réunir les deux partis, il ne
vouloit pas qu'on la leur fît appercevoir. D'ailleurs le Concile , comme je
l'ai déja dit , renverſoit l'autorité des
Souverains, & détruiſoit tous les privileges de l'Egliſe Gallicane , en élevant
la puiſſance des Papes au-deſſus de celle
des Rois, en établiſſant la validité de
toutes les Décrétales , en voulant faire
admettre les regles de la Chancellerie Romaine , en ne laiſſant aux Souverains
aucune juriſdiction ſur les Evêques qu'il
ne ſoumettoit qu'à celle de Rome , en
affranchiſſant tout le Clergé du ſecond
ordre de l'obéiſſance dûe au Roi, & ne
le ſoumettant qu'aux Evêques , à qui il
attribuoit un pouvoir ſur le temporel de
tous les Citoyens , au mépris de l'autorité Royale & de celle des Tribunaux

de Juſtice du Royaume. Enfin, le Concile paroiſſoit n'avoir pas établi des loix aſſez ſéveres pour la Réformation des mœurs des Eccléſiaſtiques, & avoir négligé de prendre les meſures néceſſaires pour faire obſerver celles qu'il avoit établi.

Le Roi d'Eſpagne & le Duc de Savoye envoyerent des Ambaſſadeurs à Charles IX. (Févr. 1561.) dont les Inſtructions portoient de ſolliciter, que les Décrets du Concile célébré à Trente fuſſent obſervés en France, que Sa Majeſté s'oppoſàt à l'aliénation des biens Eccléſiaſtiques, qu'Elle révoquât le dernier Edit de pacification, qu'Elle punît par l'exil ou par la mort tous les Hérétiques, qu'Elle fît inſtruire contre les auteurs & les complices de l'aſſaſſinat commis en la perſonne du Duc de Guiſe, qu'Elle voulût bien enfin ſe rendre le 25. Mars à Nanci en Lorraine, où tous les Princes Catholiques devoient ſe trouver pour y jurer l'obſervation des Décrets du ſaint Concile, & y délibérer enſemble ſur les moyens les plus prompts de détruire les Sectaires, & d'arrêter les progrès de leurs opinions. Le Roi, après avoir conſulté l'Hôpital ſur ſa réponſe, dit aux Ambaſſadeurs, qu'il étoit très-ſenſible au ſoin que prenoient leurs Maîtres de lui donner des conseils aussi sages & aussi salutaires que ceux qu'il venoit de recevoir (131); qu'il étoit très-déterminé à vivre dans l'ancienne Religion, & à faire tous ses efforts pour que tout son Peuple suive la même Loi : que s'il ne leur répondoit pas à toutes les demandes qu'ils étoient chargés de lui faire, il prioit leurs Maîtres de vouloir bien l'excuser pour des raisons qu'il leur expliqueroit par écrit.

Le Cardinal de Lorraine, de retour en France, y suivit les engagemens qu'il avoit pris avec le Pape. Il représenta sans cesse au Roi la nécessité d'accepter le Concile, & prétendit un jour démontrer, dans un Conseil, que la Cour y étoit obligée par une égale considération pour les intérêts de l'État & pour ceux de la Religion. L'Hôpital s'éleva contre lui avec sa fermeté ordinaire, & fit un grand Discours, dans lequel il prouva invinciblement l'impossibilité de recevoir les Décrets d'un Concile qui attaquoit directement, & l'autorité du Souverain, & les privileges de la Nation. ,, Pour conserver, ajouta-t-il, ces titres

(131) De Thou, l. 36.

L 5

„ précieux de notre liberté, nous ne
„ devons pas balancer à répandre, s'il
„ le faut, jufqu'à la derniere goutte de
„ notre fang. Nos Rois n'ont déja que
„ trop à fe repentir de s'être laiffé en-
„ lever le droit qu'ils avoient d'élire &
„ de créer les Papes, droit qu'ils avoient
„ acquis en les rétabliffant autrefois dans
„ leurs Sieges. L'acceptation du Conci-
„ le, pourfuivit-il, nous entraîneroit
„ infailliblement dans une nouvelle guer-
„ re civile. Le fang de nos compatrio-
„ tes fume encore; mais ce fpectacle ne
„ peut nous émouvoir. Nous voulons
„ nous détruire par nos propres mains;
„ nous voulons la guerre. Peut-être ce-
„ pendant que fi ceux qui ofent la con-
„ feiller, fe trouvoient expofés aux coups
„ comme les autres, on leur verroit a-
„ lors donner des confeils plus modé-
„ rés. "
Le Cardinal de Lorraine repliqua avec
vivacité (132), qu'il défioit qui que ce
fût de prouver qu'il eût jamais fomenté
les troubles, ni de pouvoir lui reprocher
d'avoir figné la guerre, comme avoit
fait le Chancelier en fcellant & publiant
l'Edit de Janvier, feule & unique caufe

(132) Brantôme.

des féditions qui s'étoient élevées dans l'Etat. L'Hôpital voulant fe juftifier, répondit avec roideur, le Cardinal avec emportement; & la Reine Mere ne put faire ceffer cette difpute, qu'en leur impofant filence à tous deux.

V. Ses craintes font juftifiées : il travaille à affermir la paix.

La crainte où étoit le Chancelier que l'acceptation du Concile de Trente ne réchauffât les haines des deux partis & ne rallumât la guerre civile, fut bientôt juftifiée. La condamnation abfolue des Proteftans prononcée par le Concile, parut ranimer le zele des Catholiques, & bientôt on compta plus de cent trente Citoyens affaffinés dans différentes Provinces pour caufe de Religion. Les Proteftans fe plaignirent avec hauteur de ces atteintes données au dernier Edit de pacification; ils s'affemblerent, & prirent des mefures pour lever des troupes & des contributions, afin d'être toujours préparés à fe maintenir, s'il le falloit, par la force, dans la jouiffance de leurs privileges.

L'Hôpital également bleſſé (133), & de la conduite des Catholiques & de celle des Proteſtans, fit toutes les démarches néceſſaires pour obliger les premiers à mieux obſerver dorénavant l'Edit de pacification, & détermina le Roi à écrire à tous les Gouverneurs des Provinces, & aux Chefs des Tribunaux de Juſtice, pour qu'ils veillaſſent avec plus de ſoin à l'exécution de ſes volontés. (Avril 1564) Il fit publier en même-tems un Edit qui défendoit aux Proteſtans, ſur peine de punition corporelle, de tenir de ces nombreuſes Aſſemblées où ils ſe rendoient de pluſieurs Provinces, ſous prétexte de tenir des Synodes, de s'aſſembler jamais dans d'autres lieux que ceux qui leur avoient été déſignés par l'Edit de la paix, & de lever des impôts & des contributions, dont l'uſage ne pouvoit qu'être préjudiciable à la tranquillité publique.

VI. Ses ſoins au ſujet du Commerce.

Au milieu des troubles dont l'Etat étoit diviſé, des intrigues qui ſe formoient à la Cour, des mouvemens que

---

(133) Dav. l. 3. De Thou, l. 36. Caſt. p. 177. Mém. Cond.

l'Hôpital étoit forcé de se donner pour se conserver la faveur d'une Femme vaine, jalouse de son autorité, légere & inconséquente, il n'avoit pas un seul instant perdu de vue les grands objets qui devoient fixer l'attention du Légiflateur. Il venoit d'établir le Tribunal des Juges-Consuls dans la plûpart des Villes commerçantes. Il avoit senti qu'il falloit affranchir le Commerce des fers dont il étoit embarraffé, & faciliter les progrès de sa marche qui ne peut jamais être trop rapide. Un des principaux obstacles qu'il rencontroit à s'étendre, avoit son principe dans les difficultés que trouvoient les Négocians à faire juger promptement & sans frais dans les Tribunaux de Justice, les procès qui naissoient entre eux sur leurs affaires. L'Hôpital crut qu'il étoit nécessaire d'ériger un nouveau Tribunal, où le Commerçant fût etabli Juge du Commerçant, où l'encre de la chicane & sa barbare voix n'eussent aucun accès, où l'on ne suivit de formes que celles que peut prescrire le sens droit & honnête, qui cherche à connoître la vérité; & il détermina la Reine Mere à créer les Juges-Consuls. Il publioit en même-tems des Réglemens dont l'objet étoit d'augmenter & d'accroître notre

Commerce. Il retira des privileges exclusifs qui avoient été accordés à quelques Particuliers, pour faire des Etoffes de soye (134); & il fit défendre le transport des matieres premieres, non fabriquées, hors du Royaume.

VII. *Ses sentimens & ses loix sur le luxe.*

Mais l'Hôpital ne croyoit pas que pour protéger le Commerce, il fût nécessaire d'encourager le luxe, qu'il regardoit comme un principe certain de la ruine des Etats, & comme l'ennemi le plus dangereux qu'un Législateur eût à combattre. Persuadé qu'une Nation ne pouvoit jamais être heureuse, qu'autant que le Citoyen y seroit vertueux, il n'est rien qu'il n'eût sacrifié à l'espérance de faire renaître dans le Royaume les bonnes mœurs que le luxe en avoit bannis. ,, La République se dé-
,, truit, (135) écrivoit-il au Président
,, de Thou, dans le tems que nous nous
,, livrons aux douces voluptés, dans le
,, tems que l'amour des plaisirs nous plon-
,, ge en une yvresse, qui nous est égale-

(134) Rec. des Ordonn. de Fontan.

(135) Lib. 4. Epist. 8.

„ ment funeste & déshonorante. Le lu-
„ xe est entré comme un torrent dans
„ les Palais des Grands , & dans la de-
„ meure du plus humble Citoyen. Il a
„ tout inondé : il m'annonce déja des
„ guerres injustes & cruelles, & il jette
„ dès-à-présent les fondemens d'un dur
„ esclavage pour la triste postérité qui
„ nous doit suivre. Une fureur s'est em-
„ parée des esprits : on ne se connoît
„ plus ; on oublie qui l'on est, ce que
„ l'on se doit, à qui l'on se doit. La
„ vertu consistoit autrefois à réprimer ses
„ passions, mais nous avons aujourd'hui
„ la bassesse d'admirer celui qui se livre
„ le plus aveuglément à leurs mouve-
„ mens les plus impétueux. Nous ca-
„ ressons nos penchans, quelques crimi-
„ nels qu'ils soient ; nous leur donnons
„ des noms qui nous en imposent à nous-
„ mêmes, & nous les présentons effron-
„ tément sous les dehors de la sagesse.
„ A qui donc désormais confier des em-
„ plois publics ? En est-il un seul qui
„ n'exige de la délicatesse, de l'honneur,
„ de la modération? Tous les cœurs sont
„ gâtés. Le lâche Citoyen craint au-
„ joud'hui la fatigue & le danger ; &
„ lorsqu'il faut venger ou défendre sa
„ patrie, il préfere, au laurier qui l'im-

„ mortaliſeroit , un repos déshonorant
„ & il abandonne un Camp, pour cher-
„ cher des plaiſirs. Les femmes ſe laiſ-
„ ſent entraîner dans cette corruption,
„ qui devient générale. On les voit au-
„ jourd'hui ſe préſenter hardiment à la
„ table ſans y avoir été appellées ; & el-
„ les paroiſſent aux yeux du public, c'eſt
„ pour ſe promener ſur un char de triom-
„ phe, inſolemment parées des dépouil-
„ les d'un mari vaincu. O puiſſance ſa-
„ crée des Loix Romaines, quand le
„ Ciel, ſenſible à nos miſeres, vous fe-
„ ra-t-il reparoître parmi nous, dans tou-
„ te votre majeſté! O Caton, que diriez-
„ vous, en voyant parmi nous des hom-
„ mes diſputer de magnificence avec les
„ Rois, vous qui, gouvernant les Eſpa-
„ gnes au nom de cette République maî-
„ treſſe de l'Univers, n'aviez que trois
„ Eſclaves qui formoient toute votre ſui-
„ te? Mais auſſi vous fûtes le Dieu tu-
„ télaire de ces Provinces , & les Ro-
„ mains vous reſpecterent."

Le luxe de la table & celui des habits, paroiſſoient être au Chancelier ceux
contre leſquels il devoit principalement
ſévir, parce qu'ils embraſſent tous les
états, parce qu'ils font naître en nous ce
déſir de nous diſtinguer par des choſes
frivo-

frivoles, parce qu'ils entraînent avec eux
le déréglement des femmes, l'oisiveté
des hommes, & qu'ils enfantent toutes
les autres espèces de luxe. L'Hôpital fit
défendre aux Tailleurs, sous peine corporelle, de mettre pour plus de soixante
sols d'ornemens à un habit. Il ne fut permis qu'aux Princes, aux Princesses, aux
Ducs, aux Duchesses, de porter des étoffes travaillées en or ou en argent. (136)
Plusieurs étoffes de soie furent interdites
aux Ecclésiastiques, aux simples Gentilshommes, aux Dames & aux Demoiselles.
Les femmes de Marchands ne purent porter de perles, ni de diamans, ni aucune
étoffe de soie. Il fut ordonné à tous les
Juges ordinaires de chaque Lieu d'arrêter
dans les rues & dans les chemins tous les
contrevenans à la Loi, de confisquer les
habits, & de tenir les coupables en pri-
son, jusqu'à ce qu'ils eussent payés soixante livres d'amande.

Par d'autres Réglemens on fixa le nombre des convives d'un repas, & jusqu'à
la dépense qui pouvoit s'y faire. Il y
eut des peines sévères établies contre tous
les Cuisiniers ou Traiteurs publics qui ne

(136) Ordonn. de Pol. de Fontan. p. 559. &
683.

M

fuivroient pas rigoureufement l'Ordonnance ; & une invitation à tous les Peres de famille de s'y conformer. L'Hôpital lui-même donnoit l'exemple de cette frugalité qu'il recommandoit ; & je ne croirai pas manquer à la dignité du ftyle de l'Hiftoire, en répétant ici ce que nous dit Brantôme, que tant que l'Hôpital fut en place , lui qui étoit la feconde perfonne de l'Etat , n'eut jamais à fon dîner qu'un plat de viandes bouillies, & pour fon fouper un autre plat de viandes rôties. Il renouvella cette ancienne Loi des Républiques Grecques & Romaine , qui fixoient la dote qu'une femme pouvoit apporter à fon mari, (137) & il ne voulut pas qu'elle pût excéder une fomme de dix mille francs.

VIII. *Autres Loix dont on lui eft redevable.*

En même-tems que le Chancelier s'oppofoit par ces Réglemens à la diffipation nuifible des richeffes du Citoyen , il en publioit d'autres pour prévenir des difpofitions injuftes & dangereufes qui pouvoient fe faire de ces mêmes riches-

(137) Ibid. 522.

fes; (138) & c'eft à lui que l'on doit les Loix fi judicieufes qui ordonnent la publication des Donations, qui limitent les Subftitutions, qui adjugent aux héritiers en collatéral les biens procédans de leur ligne, qui défendent de prouver par témoins le paiement d'aucune fomme au deffus de cent francs (139). Il marqua des bornes par l'Edit des fecondes Nôces, à la cruelle générofité des Meres qui donnoient tous leurs biens à de feconds Maris. Il voulut qu'on pût répéter les biens perdus au jeu par des Mineurs; & il prévint leur ruine, par des Réglemens qui obligerent (140) les Tuteurs à rendre des comptes plus exaЀ ts de leur adminiftration.

L'Hôpital travailloit encore à de nouveaux Réglemens fur l'adminiftration de la Juftice, & faifoit cette Ordonnance célebre qui fut quelque tems après publiée dans une Affemblée d'Etats convoqués dans la ville de Moulins. Elle acheva de porter la regle dans tous les Tribunaux; elle fimplifia les formes judiciaires, & elle aftreignit tous les Miniftres de la Ju-

(138) Ordonn. de Moulins. Recueil des Ordonn. de Nér. 429. 528.
(139) Fontan. 571.
(140) Ord. d'Orléans.

ſtice à ſuivre des loix & des principes, dont, pour le bonheur public, ils ne devroient jamais s'écarter.

IX. *Il fait voyager le Roi dans le Royaume, pour en connoître toutes les parties. Son Diſcours au Parlement de Bordeaux.*

Mais pour tenir la main à l'exécution de tant de Loix, pour établir dans le Royaume entier un nouvel ordre de choſes, l'Hôpital ſentit qu'il étoit néceſſaire de parcourir toutes les Provinces, de voir tout par ſes yeux, de connoître tous les Gens en place, de recompenſer, de punir, enfin de réchauffer dans les cœurs l'amour de la patrie. Il détermina donc le Roi à faire un voyage dans toute la France, perſuadé d'ailleurs que le ſpectacle de la ruine de ſes Etats, du ravage des campagnes, de la déſolation des familles, pourroit lui inſpirer pour les guerres civiles l'horreur avec laquelle tout bon Citoyen doit les regarder.

Le Roi partit de Fontainebleau, avec la Reine ſa Mere & une ſuite aſſez nombreuſe; entra d'abord en Champagne, traverſa le Barrois, la Bourgogne, le Dauphiné, la Provence, la Guienne. Par-tout

où paſſoit le Chancelier , il ſe faiſoit inſtruire des deſordres qu'avoit produit la
Guerre dans chaque Province , de ceux
auxquels on étoit expoſé par l'inſuffiſance
des Loix, ou par la négligence & la corruption des Magiſtrats ; il établiſſoit des
Réglemens rélatifs aux beſoins de chaque
Pays. Il examinoit tous les Tribunaux
de Juſtice, puniſſoit les prévarications ,
encourageoit par des recompenſes & des
éloges tous les Magiſtrats dont il recon-
noiſſoit les lumieres & l'intégrité.

La Cour étant à Bordeaux, le Chancelier y reçut quelques informations contre
la conduite (Avril 1565) de pluſieurs
Conſeillers au Parlement de cette Ville, & il détermina le Roy à y tenir un
Lit de Juſtice. Sa Majeſté l'ouvrit en
diſant, qu'Elle venoit voir elle-même ſi
ſes Ordonnances étoient mieux ſuivies
actuellement qu'elles ne l'avoient encore
été : il chargea enſuite l'Hôpital d'expoſer plus au long ſes intentions & ſa
volonté.

Le Chancelier prit la parole, & dit que,
ſans aller rechercher dans l'antiquité des
faits importans ſur l'inſtitution & l'autorité des Parlemens , il avoit à dire à la
Compagnie des choſes qui pourroient lui
être beaucoup plus profitables.

M 3

„ Le Roi (141), pourſuivit-il ; Meſ-
„ ſieurs, eſt venu en ce Pays, non pour
„ voir le monde, comme aucuns diſent,
„ mais faire comme un bon Pere de fa-
„ mille, pour ſçavoir comme l'on vit
„ chez ſoi, & s'informer avec ſes ſer-
„ viteurs comme tout ſe porte. Il s'eſt
„ enquis de ſon Peuple & de ſa Juſti-
„ ce, & a trouvé beaucoup de fautes
„ en ce Parlement, lequel comme étant
„ plus derniérement inſtitué, car il y a
„ cent & deux ans, vous avez moindre
„ excuſe de vous départir des anciennes
„ Ordonnances, & toutefois vous êtes
„ auſſi débauchés que les vieux, par a-
„ vanture pis. Il y a ici beaucoup de
„ Gens de bien deſquels les opinions ne
„ ſont ſuivies ; elles ne ſe poiſent point,
„ mais ſe comptent. Enfin voici une
„ Maiſon mal réglée. La premiere faute
„ que je vous vois commettre, c'eſt de
„ ne garder les Ordonnances, en quoi
„ vous déſobéiſſez au Roi. Si vous avez
„ des Remontrances à lui faire, faites-
„ les, & connoîtrez après ſa derniere
„ volonté. C'eſt votre faute auſſi à
„ vous, Préſidens & Gens du Roi, qui
„ devez requérir l'obſervation des Loix ;

(141) Mém. & Harang. imp. ch. P. Chevaillcr.

„ mais vous cuidez être plus fages que
„ le Roi, & eftimez tant vos Arrêts,
„ que les mettez par-deffus les Ordon-
„ nances, que vous interprétez comme
„ il vous plait. J'ai cet honneur de lui
„ être Chef de fa Juftice, mais je ferois
„ bien marri de lui faire une interpréta-
„ tion de fes Ordonnances de moi-mê-
„ me, & fans lui communiquer.

„ On vous accufe de beaucoup de vio-
„ lences; vous menacez les gens de vos
„ Jugemens, & plufieurs font fcandali-
„ fés de la maniere dont faites vos af-
„ faires, & fur-tout vos mariages. Quand
„ on fçait quelque riche héritiére, quant
„ & quant, c'eft pour Monfieur le Con-
„ feiller; & l'on paffe outre, malgré
„ les inhibitions. Je ne nomme perfon-
„ ne; mais fi vous en voulez venir com-
„ muniquer avec moi, je vous ferai
„ connoître ceux dont je parle.

„ Il y en a entre vous, lefquels pen-
„ dant ces troubles fe font faits Capi-
„ taines, les autres Commiffaires des
„ vivres. Ce font gens qui ne fçavent
„ faire leur état, & feroient bien d'y
„ renoncer; & puis ils s'en vont excu-
„ fant les meurtres qui fe font faits, en
„ difant : c'étoit un méchant homme.
„ Mais il n'appartient à aucun de tuer,

„ encore qu'il fût un méchant homme;
„ il en faut laisser faire la Justice. Pre-
„ nez exemple à votre Roi; lui a-t-on
„ jamais ouï dire, Je ferai pendre ce-
„ lui-ci, Je ferai mourir celui-là?

„ Messieurs, je crains qu'il y ait céans
„ de l'avarice ; car on m'a dit qu'il y
„ en avoit qui prenoient pour faire bail-
„ ler des audiances ; & quand on leur
„ reprochoit, ils répondoient: *C'est*
„ *bien pis à la Cour, & c'est là que font*
„ *les gros larrons.* Mais il n'est pas bien
„ fait, ne là ne ici. Il n'y a pas un
„ Seigneur du Ressort qui n'ait son Chan-
„ celier en cette Cour, contre les Or-
„ donnances. Vous faites des procès de
„ Commissaires tels que vous voulez; &
„ si au bout de l'an vous n'en êtes gue-
„ res plus riches. Vous baillez même
„ votre argent à intérêt aux Marchands;
„ & ceux-là devroient laisser leur Robe,
„ & se faire Marchands. D'ambition,
„ vous en êtes tous garnis ; eh ! soyez
„ ambitieux de la grace du Roi, & non
„ d'autre; avec cela vous êtes timides &
„ craintifs. J'ai demandé pourquoi telles
„ & telles choses ne se faisoient ; on m'a
„ répondu ; nous n'oserions. Eh ! qui
„ est-ce qui vous puisse faire force, dont
„ le Roi ne vous puisse garder. Il y a

„ auffi parmi vous des joueurs & des pa-
„ reffeux, qui ne fervent d'un demi-an,
„ aucune fois d'un an, & toutefois cer-
„ tifient avoir fervi. Un Confeiller de
„ Paris ayant affuré avoir fervi trois jours
„ qu'il n'avoit fervi, a été cidevant fuf-
„ pendu de fon état.

„ Enfin, Meffieurs, voici la Maifon
„ du Roi & de fa Juftice: gardez-la à la
„ décharge de fa confcience, & ne crai-
„ gnez rien. Car fi vous ne faites votre
„ devoir, elle tombera bientôt en ruines;
„ & je ferois marri que cela advint, car
„ je fuis de votre Corps. ”

X. *Comment il traite le Marquis de Trans.*

La Magiftrature n'étoit pas le feul
état fur lequel l'Hôpital porta des regards fi féveres: il veilloit avec la même attention fur la conduite de tous les
ordres de Citoyens. Etant en Guienne,
il fut informé que le Marquis de Trans,
gendre de Fizes, Sécretaire des Com-
mandemens, avoit commis dans la Province plufieurs violences, & que la faveur dont jouiffoit fon Beau-pere auprès
de Catherine, avoit empêché qu'on ofât
former des pourfuites contre lui. Le
Chancelier lui fit ordonner de comparoî-

tre au Conseil-Privé; & le Marquis de Trans s'y présenta, sur l'assurance qu'avoit donné la Reine Mere à Fizes, que son gendre n'auroit à essuyer que quelques reprimandes. „ Etant donc devant „ M. de l'Hôpital, nous dit Brantôme, „ ainsi qu'il lui voulut remontrer ses „ jeunesses, ses folies, ses passe-tems & „ jeux cuisans desquels il étoit coutumier „ d'user, & en lui en déduisant particulié- „ rement aucuns, il se mit à rire: Com- „ ment vous riez, lui dit-il, au lieu de „ vous attrister, & de montrer un visa- „ ge répentant de vos folies; vous pour- „ riez bien vous donner de garde qu'a- „ vec vos risées & vos bouffonneries, „ je vous ferois trancher la téte, aussi- „ tôt que j'en aurois baillé l'ordre ; & „ remerciez hardiment la Reine & M. „ de Fizes, car vous l'auriez tout à cet- „ te heure ; encore ne sçais-je à quoi „ m'en tenir. Qui fut étonné ? ce fut „ M. le Marquis. Assurez-vous que le „ rire lui passa bien vîte, à ce que nous „ sçûmes après, & crois que son cas al- „ loit très-mal sans M. de Fizes. Ne „ falloit pas trop se jouer à ce rude Ma- „ gistrat, & Censeur Caton. "

XI. *La Cour étant à Bayonne, le Duc d'Albe indiſpoſe la Reine contre le Chancelier & l'anime contre les Proteſtans.*

La Cour arriva à Bayonne, où Elizabeth Reine d'Eſpagne, ſœur de Charles IX. ſe rendit de ſon côté pour voir le Roi ſon frere. Elle lui fut amenée par le Duc d'Albe, cet homme célebre, qui réuniſſoit & les talens & la férocité de Marius & de Sylla. (Juin 1565.) Il avoit ordre du Roi ſon Maître d'employer toutes les reſſources de ſon eſprit, (142) pour ſéduire celui de Catherine, pour perdre auprès d'elle les hommes qui s'étoient emparés de ſa confiance, & pour la déterminer à entrer dans le deſſein qu'il avoit formé d'exterminer les Proteſtans. Le Duc travailla à remplir les intentions de Philippe, avec l'art & la pénétration d'un homme qui avoit vieilli dans les Cours. Il s'appliqua d'abord à étudier le caractere de la Reine Mere, & bientôt ſon cœur lui fut connu; il la vit ce qu'elle étoit, ambitieuſe, lâche, fauſſe, crédule & capable de commettre tous les crimes qu'elle croiroit pouvoir lui être utiles. Il jugea aiſément que ſon penchant l'entraînoit

(142) Davila Brantôme.

vers les Catholiques , & l'éloignoit des
Protestans ; que la conduite qu'elle avoit
tenue depuis la mort de François II. loin
d'être une suite des sentimens d'humanité
qu'on croyoit lui avoir été inspirés par
l'Hôpital, n'avoit son principe que dans
les défiances qu'il avoit sçu lui donner
des Guises , & qu'on pouvoit détruire
l'ascendant qu'il avoit acquis sur elle , en
le lui présentant comme un joug desho-
norant, qui la rendoit également l'objet du
mépris des Catholiques & des Protestans.

Le Duc d'Albe parut d'abord s'attrister
auprès de Catherine sur le peu d'autorité
dont il la voyoit jouir en France : il lui
fit entrevoir que ce seroit une tache éter-
nelle à sa gloire, que quelques Hérétiques répandus dans le Royaume, pussent
faire la loi à une grande Reine qui gou-
vernoit un Etat puissant , dont presque
tous les Sujets étoient Catholiques.   Il
lui représenta que, sous le prétexte spé-
cieux de maintenir la paix, on lui faisoit
sacrifier son pouvoir à des rebelles, qui
ne méritoient que le plus honteux supplice ; qu'en lui persuadant qu'on ne travailloit que pour elle, & qu'on ne s'occupoit que des moyens de lui conserver
son autorité , on ne lui en laissoit faire
aucun usage ; que si elle examinoit bien

la conduite de ceux à qui elle la confioit, elle verroit que leur attachement
pour elle ne prévaloit pas toujours fur
leur ambition.

Catherine crut voir une lumiere toute nouvelle, & le Duc d'Albe, en con-
tinuant à irriter fon orgueil, à réveiller
fa jaloufie, parvint à s'en faire avidement
écouter ; & bientôt après il lui donna
des confeils, auxquels elle fe crut forcée
de fe livrer. Il lui montra le Chancelier
comme un Proteftant ambitieux & dé-
guifé, qui jufqu'alors avoit eu l'habileté
de colorer de quelques fentimens patrio-
tiques, des démarches qui tendoient à
le rendre feul arbître de l'Etat, & à faire triompher fon parti. Il lui perfuada
que jamais elle ne regneroit, tant que
deux Religions ennemies l'une de l'autre,
fourniroient aux Grands des prétextes
de troubler l'Etat, & de fe faire craindre ; qu'il falloit détruire les Proteftans ;
que l'exécution de ce projet ne renfermoit pas de grandes difficultés ; que lui-
méme efpéroit réuffir en Flandre dans
une pareille entreprife, quoiqu'il lui fût
moins facile qu'à elle d'en fortir glo-
rieufement : que fi cependant elle ne croyoit pas que fes forces feules puffent lui
fuffire, & qu'elle jugeât qu'il lui fût né-

ceffaire d'employer des fecours étrangers;
le Roi d'Efpagne lui ouvroit fes tréfors,
& lui offroit des Troupes, dont elle
pourroit toujours difpofer. Il parla alors
de quelques opérations par lefquelles il
croyoit qu'elle devoit commencer, lui fit
naître l'idée de faire périr d'un feul coup
tous les Chefs des Proteftans, & lui
montra enfuite leur parti abbatu, con-
fterné, foumis, & bien-tôt diffipé.

Ces projets ne purent fe former affez
fecretement pour que rien ne tranfpirât.
Catherine ne fut pas affez maîtreffe d'elle-même, pour renfermer dans fon cœur
les nouveaux fentimens qu'elle éprouvoit,
& elle fe laiffa pénétrer. On juge aifément de tout l'effet que dût produire
fur l'Hôpital, ce changement fubit de
la Reine Mere. Peut-être efpéra-t-il
qu'elle pourroit avec le tems fe laiffer
aller à d'autres impreffions. Mais la plupart des Catholiques, d'intelligence avec
le Duc d'Albe, s'unirent pour perdre
entiérement le Chancelier dans fon efprit; & ils profiterent de tous les in-
ftans, pour aigrir & enflammer cette jaloufie que le Duc d'Albe avoit fçu réveiller. Quelques fuffent cependant leurs
efforts, ce ne put être l'ouvrage d'un
jour; & ce ne fut qu'après de longs

combats, que Catherine parvint à fecouer le joug fous lequel elle fléchiffoit. Les réfolutions prifes contre les Proteftans fe reffentirent & de fa foibleffe & de la vieilleffe du Connétable, que la mort du Duc de Guife avoit laiffé pour Chef aux Catholiques : elles s'exécuterent mollement, avec lenteur, & l'on fut un an à fe préparer à la Guerre. (1566.) Le Prince de Condé & l'Amiral de Coligni, eurent tout le tems de faire des préparatifs pour leur défenfe.

L'Hôpital fit, pour prévenir une rupture, tout ce que les circonftances où l'on étoit pouvoient faire attendre de lui. Il employa tous les moyens qu'il avoit mis en ufage, pour s'oppofer à la déclaration des premiers troubles. Souvent il fufpendoit les réfolutions du Confeil, (144) & rejettoit Catherine dans fes incertitudes ; mais ce n'étoit pas pour long-tems, & les Catholiques la faifoient toujours rentrer dans leurs vues.

XII. *Nouvelle guerre civile. Le Chancelier écrit fur la néceffité de la paix & de la tolérance.*

Les Proteftans voulurent fe conduire

(144) Mémoire Caft. p. 188.

comme avoit fait le Duc de Guife, & fe rendre maître de la perfonne du Roi & de celle de la Reine Mere. Ils marcherent droit à Meaux où étoit la Cour, dans le deffein, difoient-ils, d'enlever le Cardinal de Lorraine, fur qui ils rejettoient l'infraction du dernier Edit de paix. Michel de Caftelnau, revenant des Pays-Bas, fût inftruit de leur projet, & en rendit compte au Confeil. Le Chancelier, qui fentit combien cet avis pouvoit irriter & animer les Catholiques, ne put s'empêcher de dire à Castelnau, qu'il ne fçavoit peut-être pas qu'il expofoit fa tête en donnant cet avis, s'il fe trouvoit faux. On apprit à l'inftant par des courriers que le Prince de Condé étoit en marche. Il ne fe preffa pas affez, & il donna le tems aux Catholiques de faire venir à Meaux fix milles Suiffes, qui y arriverent avant qu'il pût exécuter fon entreprife.

Le Cardinal de Lorraine voulut alors faire partir le Roi pour Paris, dont il efpéroit échauffer le peuple, en lui montrant les enfans de fon Frere, dont le fouvenir étoit encore gravé dans tous les cœurs Catholiques Septembre 1567. L'Hôpital s'oppofa à cette réfolution, & repréfenta qu'en fortant de Meaux, le Roi s'expofoit s'expofoit à donner une bataille, dont le fuccès, quel qu'il fût, engageroit néceffairement la Guerre civile, & rendroit tout accommodement impoffible. Catherine céda d'abord à ces raifons; mais un inftant après, le Cardinal de Lorraine fçut, dans un Comité fecret, la ramener à fon fentiment, & tous les ordres furent donnés pour le départ du Roi. Le Chancelier alla trouver alors la Reine Mere, la fomma de tenir la parole qu'elle lui avoit donnée, lui dit qu'en y manquant, (145) elle expofoit le Roi en un danger évident, trahiffoit l'Etat, & réduifoit le Royaume à foutenir une Guerre qui lui feroit fatale. Catherine fut fourde à cette voix; & le Roi partit pour Paris fous la conduite des Suiffes avec qui l'armée des Proteftans ne fit qu'efcarmoucher, fans ofer engager une affaire générale.

L'inconftance de la Reine Mere, la fit bien-tôt fe répentir du parti qu'elle avoit pris: elle envoya l'Hôpital & Morvilliers faire des propofitions de paix aux Proteftans. Ceux-ci n'en furent point fatisfaits; & l'on rompit la négociation. Les hoftilités recommencerent, & avec elles un déluge de malheurs vint fondre fur la France. La Guerre fe porta dans

(145) Ibid, & de Thou, l. 42.

N

les environs de Paris, & les deux armées
fe livrerent bataille dans la Plaine de
Saint-Denis. Les Catholiques refterent
maîtres du champ, & les deux partis
néanmoins s'attribuerent la victoire. Le
Connétable périt dans cette journée; &
la Reine Mere fit nommer par le Roi, le
Duc d'Anjou Lieutenant-Général du
Royaume, & lui fit donner le Comman-
ment de l'armée. Mais comme ce Prince
étoit encore trop jeune pour infpirer
quelque confiance, on établit un Confeil,
chargé de diriger les opérations militaires. La divifion fe mit dans ce Confeil:
les Proteftans en tirerent avantage, firent
des progrès, & s'emparerent de plufieurs
Villes. L'Hôpital infifta de nouveau, fur
la néceffité de faire la paix. Catherine
la vouloit, & ne la vouloit point; enta-
moit une négociation, & la rompoit tout-
à-coup.

Le Chanchelier alors fit un Ecrit dans
lequel il expofe fortement l'obligation où
étoient les deux partis d'entrer en accommodement. Il y établit fes fentimens de
tolérance, combat les raifonnemens par
lefquels on engageoit la Cour à continuer
la Guerre, & explique les divers intéréts
de ceux qui s'oppofoient à la pacification.
„ Quels font les ennemis? dit-il: Ce

,, ne font pas gens émus & foulevés
,, par imprudence, (146) fans ordre,
,, fans difcipline. Ce font gens agué-
,, ris, réfolus, que la néceffité & le dé-
,, fefpoir rendent dociles, difciplinables,
,, qui ont une grande opinion de leurs
,, Chefs, & dont les Chefs font étroi-
,, tement unis. Le camp du Roi eft di-
,, vifé en factions, en querelles, envies,
,, émulations; l'ambition y eft débor-
,, dée, l'avarice y domine, la difcipline
,, corrompue, la licence démefurée, les
,, volontés défunies.

,, Mais il ne faut qu'une bataille, nous
,, dit-on, pour purger à jamais le pays.
,, Cela feroit vrai, s'ils y mouroient
,, tous; mais la perte de trois, quatre,
,, cinq & fix mille hommes, les affoibli-
,, ra; ce n'eft pas les effacer. Leur fu-
,, reur n'en fera que plus enflámmée, la
,, difcipline plus exacte, toutes chofes
,, mieux confidérées de leur côté, moins
,, obfervées de la part du Vainqueur. Ils
,, ont des Villes pour fe retirer, rafraî-
,, chir, raffembler; bref, ce fera à re-
,, commencer. Et fi cet embrafement eft
,, fi ardent, & tant univerfel par tout

(146) Recueil de Mémoires & Harangues ch.
P. Chev.

,, le Royaume, sa longueur sera l'entiere
,, ruine, subversion & anéantissement
,, d'icelui. Combien aujourd'hui n'est-il
,, pas déja appauvri par le dégât extrê-
,, me, les pernicieux remuemens, démo-
,, litions, les ruines & pillages qui ont
,, été déja commis, & qui ne sont que
,, coups d'essai, si, sans espoir de paix,
,, les cœurs s'embrasent du tout en fu-
,, reur; car ceci n'est que le premier
,, acte de la tragédie.

,, Posons qu'ils soient malheureux dans
,, la Guerre; il ne faut douter, je crois,
,, qu'ils ne tentent alors tous les moyens
,, bons & sinistres, pour se garantir; &
,, Dieu sçait, s'il est mal-aisé, vu le
,, bigarrement & le mélange qui est en-
,, tre nous, & les fantastiques persua-
,, sions dont les hommes se laissent eny-
,, vrer & transporter, d'exploiter un
,, mauvais dessein. Voyons aussi qu'au
,, rebours ils gagnent la bataille; je ne
,, sçais à quoi l'insolence d'une victoire
,, pousseroit ceux qui, même en leur mi-
,, sere, sont élevés, & remplis de cou-
,, rage. Et combien de gens qui sui-
,, vent les étendarts du Roi, lui tourne-
,, roient le dos, si mal battoit? Je puis
,, hardiment assurer, que la perte d'une
,, bataille seroit la perte de l'Etat; &

,, fouvent les plus grandes armées ont
,, été déconfites par les plus petites
,, troupes.

,, Le Roi pardonnera-t-il donc à des
,, rebelles? Mais quel eft leur premier
,, crime? De penfer autrement que nous.
,, Mais ils croient bien penfer ;_ & ja-
,, mais la Juftice humaine n'a puni ceux
,, qui pechent innocemment. Mais ils
,, font des rebelles! En examinant les
,, chofes de près, je ne fçais s'il y a hom-
,, me fi parfait qui fe voyant réduit au
,, point où ils ont été, & voyant quelque
,, moyen de fe préferver, ne l'embraffât
,, vivement. C'eft ce qui leur a mis les
,, armes en main; car les menées qu'on
,, bâtiffoit contre eux, étoient fi peu fe-
,, crétement conduites, la défaveur tant
,, évidente, le dédain fi apparent, les
,, menaces de la rupture de l'Edit de
,, pacification & de la publication du
,, Concile tant ouvertes, & l'injuftice
,, tant manifefte, qu'ils euffent été par
,, trop lourds & ftupides, s'ils n'en eus-
,, fent à bon efcient été touchés, &
,, euffent bien mérité le tourment qu'on
,, leur apprêtoit, s'ils n'euffent évité
,, la fête. Et y a-t-il Loi au monde
,, plus urgente, que celle que la nature
,, apprend à un chacun, à fçavoir, que

„ la tuition de la vie & de la liberté
„ contre l'oppreſſion, eſt non-ſeulement
„ licite, mais auſſi juſte, équitable &
„ ſainte. Cette Loi n'eſt point enſeig-
„ née aux hommes, mais divinement
„ engravée en l'eſprit de toute créatu-
„ re. Je ne veux pourtant les excuſer
„ du tout; mais il n'y a homme de bon
„ ſens qui ne les juge plutôt dignes de
„ pitié que de peine.

„ Le Roi enfin, objecte-t-on, ſera
„ donc forcé de capituler avec ſes Su-
„ jets. Certainement ſi le Roi quittoit
„ quelque choſe de ſon droit ou auto-
„ rité, je n'aurois que répondre, com-
„ bien qu'il faille quitter de ſon droit,
„ ſi le ſalut de la République le re-
„ quiert; car même ce n'eſt plus droit,
„ s'il empêche le bien public, & nuit
„ à l'Etat. Mais eſt-ce capituler, que
„ de promettre pour toute convention,
„ que le Roi demeurera leur Prince, &
„ qu'ils demeureront ſes Sujets; qu'il
„ pourra leur preſcrire une forme de vi-
„ vre, leur impoſer des peines, des ſup-
„ plices, s'ils outrepaſſent ſa volonté,
„ les déſarmer, lever tribut ſur eux?
„ Si le Roi nous ôtoit la liberté, nous
„ ferions ſes eſclaves; il feroit un op-
„ preſſeur, & non un Prince légitime.

„ Le Prince qui abhorre la paix, qui
„ tend à l'effufion du fang, même de
„ fes Sujets & membres, le nom & l'ef-
„ fet de Prince ceffent pour un autre
„ tant abominable, que je ne le puis
„ exprimer moins aigrement & d'un nom
„ plus léger, que d'ennemi du genre
„ humain, & de la Nation. L'affection
„ du Prince a été de tout tems compa-
„ rée à la paternelle ; & le pere cruel
„ envers fes enfans, eft un monftre de
„ nature, & exécrable, s'efforçant de
„ dépiter le vrai & commun pere des
„ hommes & de la nature. Arriere donc
„ ces peftes qui, d'un cœur hoftile &
„ fanguinaire, tâchent de corrompre la
„ naïve & naturelle bonté du Roi & de
„ fa Mere : tels gens font de mauvais
„ augure à cette Couronne. Que le Roi
„ donne à la République fon offenfe, &
„ elle reconnoîtra avec ufure fon bien-
„ fait.

„ Je fçais que ceci fera trouvé âpre,
„ & que je pourrois parler plus douce-
„ ment : mais la néceffité arrache mal-
„ gré moi ces paroles de mon cœur, &
„ me fait préférer la rude vérité à la
„ douce flatterie. ”

N 4

XIII. *La paix se fait & est bientôt rompue : Bulle du Pape pour la Guerre, &c.*

Cet Ecrit, que les Catholiques les plus zélés ne manquerent pas de traiter d'acte séditieux, fait pour appuyer la révolte, produisit cependant plus d'effet qu'il n'est permis d'en attendre de ces sortes d'ouvrages. Le génie de l'Hôpital parut l'emporter encore sur celui de Catherine. Elle fit des propositions de paix, & offrit aux Protestans de leur assurer la jouissance des privileges dont ils devoient être en possession par l'Edit de Janvier. Le Prince de Condé, de qui les troupes commençoient à se débander, qui manquoit d'argent pour entretenir les Etrangers qu'il avoit à sa solde, crut devoir accepter les conditions qui lui étoient offertes, & la paix fut publiée le 27 de Mars 1568.

Mais ce fut moins une paix qu'une suspension d'armes : on ne prit aucunes mesures pour faire observer les Edits. Le Cardinal de Lorraine & tout les Chefs Catholiques exciterent leur parti à persécuter les Protestans : les Prêtres & les Moines préchoient toujours la Guerre. Le Cardinal & sa faction obsédoient sans

cesse la Reine Mere , & lui représen-
toient que des Chefs aussi ambitieux que
ceux des Protestans , n'auroient point
accepté la paix, s'ils ne s'y étoient vus
forcés par le mauvais état de leurs affaires. Le Pape Pie V. crut devoir les se-
conder, en adressant au Roi une Bulle
qui permettoit d'aliéner pour cent mille
écus de biens-fonds Ecclésiastiques, à
condition que cette somme seroit employée à l'extirpation de l'Hérésie, & à
la destruction des Religionnaires. On
agita au Conseil, si l'on devoit accepter
cette Bulle : Catherine paroissoit le dé-
sirer. L'Hôpital en fut indigné : il s'a-
bandonna à toute la violence du sentiment qu'il éprouvoit (147) ; il adressa la
parole à Catherine (148), & lui parlant
avec cette éloquence de passion qui éton-
ne & subjugue les esprits , il entraîna
dans son parti la pluralité des voix , &
fit prendre la résolution de renvoyer au
Pape cette Bulle sanguinaire. Mais le
Cardinal de Lorraine fit encore changer
la Reine Mere , & la détermina à employer les secours que lui offroit le Pa-

(147) De Thou, l. 44.

(148) Disc. merveill. de la vie de Cath. de
Méd.

N 5

pe , à l'ufage auquel il vouloit les def-
tiner.

On rappella ce qu'avoit fouvent dit
le Duc d'Albe , qu'*il falloit commencer
par attraper les plus gros poiffons* ; & l'on
expédia des ordres en conféquence, pour
faire enlever le Prince de Condé & l'A-
miral de Coligni (149), qui étoient dans
leurs Terres. Mais ils furent avertis du
complot, & s'échapperent avant qu'on
pût les arrêter : on accufa l'Hôpital de
leur avoir fait donner avis de ce qui fe
tramoit contre eux.

Le Prince de Condé écrivit au Roi ,
pour fe plaindre du deffein qui avoit été
formé contre lui , des infractions conti-
nuelles qui fe faifoient à l'Edit de la
paix ; & il lui traça un tableau trifte &
effrayant de la ruine & de la défolation
de fes Etats. Le jeune Prince en fut
touché , conjura la Reine fa Mere de
s'employer toute entiere à un rétabliffe-
ment de la tranquillité publique ; & prenant enfuite un ton de Maître , il lui
parla de maniere à inquiéter l'ambition
de Catherine , & celle des Chefs Catholiques.

L'Hôpital leur parut avoir pu feul met-

(149) Davil. l. 4. Brantôme.

tre le Roi dans les difpofitions qu'il venoit de montrer; & dès ce moment on
vit fe déclarer une guerre particuliere
entre lui & le Cardinal de Lorraine,
mais fi vive, qu'on jugea bien que l'un
des deux fuccomberoit bientôt fous les
efforts de l'autre.

XIV. *On s'indifpofe contre le Chancelier:*
il eft obligé de quitter la Cour.

Catherine de fon côté craignit de voir
au Chancelier toute la confiance du Roi;
jugeant qu'elle feroit gênée tant qu'elle
verroit à la Cour un homme affez accré-
dité pour fe faire un parti qu'il rendoit
puiffant à force de raifon, elle employa
toute fon adreffe & le pouvoir qu'elle
avoit fur l'efprit de fon Fils, pour lui infpirer des fentimens qui fuffent défavan-
tageux à l'Hôpital. Elle chercha d'abord,
avec les Catholiques zèlés, à le rendre
fufpect d'héréfie. On infinua au Roi,
que s'il avoit réuffi pendant quelques années à perfuader que l'amour de la patrie
avoit été le premier mobile de fes actions,
on commençoit à mieux connoître les
principes fur lefquels il s'étoit conduit;
que l'élévation du Parti Proteftant (150),

(150) De Thou. I. 44.

& l'abaiſſement du parti Catholique, é-
toient ſes deux principaux objets; & que
ſa Femme, ſa Fille, ſon Gendre, étant
de la Religion Calviniſte, on ne pouvoit gueres douter que lui-même n'y fût
ſecrétement attaché.

Charles IX. regardoit le Chancelier avec
le reſpect que la vertu ſçait toujours s'attirer de tous les hommes qui peuvent encore conſerver quelque reſte de pudeur &
d'honnêteté; & il paroiſſoit ſe laiſſer aller avec peine aux impreſſions qu'on vouloit lui donner. Mais il ne put long-tems
repouſſer les idées que lui préſentoient
ſans ceſſe Catherine & les Catholiques
zélés : il ceſſa de recevoir l'Hôpital avec
le viſage ouvert qu'il lui avoit montré
juſqu'alors.

Le Chancelier avoit l'ame trop grande
pour ſupporter les froideurs d'un Maître,
ſans pouvoir être utile à ſa Nation. Depuis qu'il avoit perdu la faveur de Catherine, le déſir d'inſpirer au Roi des ſentimens qui euſſent pu contribuer à ſa gloire & au bonheur de ſes Sujets, l'avoit
ſeul déterminé à reſter à la Cour. Forcé de renoncer à cette flatteuſe eſpérance, il ne balança pas un moment ſur le
parti qu'il avoit à prendre. Il alla trouver le Roi & la Reine Mere, & leur dit:

„ qu'il voyoit avec douleur (151) que
„ Leurs Majeſtés déféroient à des con-
„ feils pernicieux ; qu'au moins il oſoit
„ les prier, après qu'ils auroient foulé &
„ raſſaſié leur cœur & leur foif du fang
„ de leurs Sujets, d'embraſſer la premie-
„ re occaſion de paix qui s'offriroit, de-
„ vant que les choſes fuſſent réduites à
„ une extrême & derniere ruine."

XV. *Grandeur de ſentimens , qu'il montre
dans ſa retraite.*

C'eſt en donnant à ſes Succeſſeurs cette grande leçon de courage & de fermeté, que ce Magiſtrat abandonna une Cour
qui n'avoit jamais été digne de lui : il ſe
retira à Vignai ſa maiſon de campagne,
près d'Eſtampes, où la Reine Mere lui
envoya redemander les Sceaux. Elle les
remit à Morvilliers , qui les reçut avec
ce mouvement de crainte & de reſpect
que devoit lui inſpiter l'idée de l'homme
qu'il avoit à remplacer.

L'Hôpital forti de ce gouffre dans lequel il s'étoit tant agité, ſe retrouva au
milieu de ſa famille, de ſes enfans, de ſes
amis, dans *ſa Campagne* de Vignai. Sa

(151) Teſtament.

retraite le couvrit de gloire , & l'anno-
blit à ſes yeux mêmes. Il en prit dès ce
moment un caractere de Héroïſme, qu'on
voit briller dans ſes Ouvrages , & qui
leur donne ce ton de grandeur & d'élévation qui entraîne de Lecteur. ,, Non,
,, écrivoit-il au Préſident de Thou, (152)
,, je ne ſuis point vaincu , je triomphe
,, encore ici de mes ennemis & de ceux
,, de la République. J'ai rempli ma car-
,, riere, & ſupportè les travaux que la
,, vertu m'a impoſé. J'ai expoſé ma
,, vie ; j'ai étouffé les ſentimens naturels
,, de mon cœur. J'ai fait tout ce qu'a
,, voulu de moi l'amour de ma patrie,
,, tant que j'ai pu me flatter de la pou-
,, voir ſauver de l'abîme dans lequel je
,, la voyois tomber. Mais depuis que
,, j'ai vu toute bonne-foi, toute pudeur,
,, toute honnêteté bannies des lieux que
,, j'habitois ; depuis que j'ai vu l'intérêt
,, perſonnel être la ſeule regle de nos
,, tyrans ; depuis que j'ai vu le Roi lui-
,, même ſubjugué par les hommes cruels,
,, j'ai cru devoir abandonner une Cour
,, perfide, & ſauver du naufrage le peu
,, qui me reſtoit. ''
L'Hôpital parut ne s'être pas trompé,

_____

(152) Epiſt. 7. lib. 7.

en regardant fa retraite comme un port
qui lui étoit toujours préparé contre la
tempête, & dans lequel il fe croyoit as-
furé de trouver quelque repos. Il s'ac-
coutuma fans peine à fon nouveau genre
de vie, & il n'eut point de ces regrets
qu'éprouvent ordinairement les hommes
qui, après avoir atteint le faîte des gran-
deurs, fe voient forcés de rentrer dans
une condition privée dont ils ne font plus
capables de goûter les douceurs, & dans
laquelle ils n'envifagent qu'avec défefpoir
la perte des faux biens dont la poffeffion
n'avoit pu les défabufer.

L'Hôpital trouva même dans fa nouvelle fituation, un bonheur qu'il n'avoit
pas encore connu. ,, J'ignorois, nous
dit-il avec un ton de vérité qui ne permet pas de foupçonner que ce fût pour
faire parade aux yeux de la poftérité d'u-
ne conftance qu'il n'auroit pas eu; ,, j'ig-
,, norois, (153) qu'il y eût autant de
,, charmes dans la vie & dans les occu-
,, pations champêtres. J'ai vu blanchir
,, mes cheveux avant que de connoître
,, l'état dans lequel je pouvois rencontrer
,, le bonheur. En vain la nature m'avoit
,, fait aimer le repos & l'oifiveté, ja-

,, mais, je crois, je n'euſſe pu me livrer
,, à ce penchant ſi doux, ſi le Ciel lui-
,, même ne m'eût regardé d'un œil de pi-
,, tié, & ne m'eût débarraſſé des fers que
,, peut-être ſans lui je n'aurois pu briſer.
,, Que ſi quelqu'un imagine que je me
,, croyois heureux dans ce tems où la
,, fortune ſembloit s'étre fixée près de
,, moi, où les honneurs m'environnoient,
,, où je diſpoſois de la faveur des Rois,
,, & qu'à préſent je me crois malheureux
,, d'avoir perdu tous ces brillans avanta-
,, ges; ah! que cet homme ignore bien
,, le fond de mon cœur, & juge mal des
,, ſentimens qu'il éprouve: que s'il les
,, connoiſſoit mieux, il s'étonneroit a-
,, lors que j'aie pu me réſoudre à vivre
,, auſſi long-tems dans un pays ſi barbare,
,, avec des hommes ſi mépriſables, des
,, cœurs ſi lâches, avec la lie de l'hu-
,, manité. ''

La philoſophie vint donc ſans effort
prendre auprès de l'Hôpital, la place qu'y
tenoit auparavant la Politique. L'étude
remplit une partie des momens de ſon
loiſir, &, pour me ſervir de l'expreſſion
d'un Ancien, les Lettres, qui avoient
nourri ſes jeunes années, furent encore
la conſolation de ſa vieilleſſe. Il parta-
gea ſon tems entre différentes lectures,

&

& différens objets de méditation (154).
Les amufemens de la campagne, la converfation avec fes enfans & fes amis,
fuccédoient à fes occupations férieufes.
Car il n'étoit point ennemi des plaifirs
innocens ; & Brantôme, qui le voyoit
fouvent, nous dit qu'il portoit dans la fociété cette gaieté douce des ames fenfibles, de la facilité, & des agrémens,
qu'on n'auroit point attendu d'un homme
naturellement févere.

,, Je vis ici, écrit encore l'Hôpital
à fon ancienne bienfaitrice la Duchefle
de Savoye (155), " je vis ici, comme
,, faifoit le vieux Laerte en cultivant
,, fon champ, fans avoir encore un feul
,, inftant regretté les biens que j'ai per-
,, dus. Je vous dirai plus : cette retrai-
,, te qui fatisfait mon cœur, flatte éga-
,, lement ma vanité. J'aime à me re-
,, préfenter à la fuite de ces fameux
,, Exilés d'Athenes ou de Rome, que
,, leur vertu avoit rendus redoutables à
,, leurs Concitoyens. Non cependant
,, que j'ofe me comparer à ces grands
,, Hommes ; mais je me dis : nos fortu-
,, nes font pareilles. Je vis au milieu

(154) Epift. Lib. 7.
(155) Ep. 5. Lib. 7.

O

„ d'une famille nombreuſe, que j'aime;
„ j'ai des Livres, je lis, j'écris, je mé-
„ dite; je prends plaiſir aux jeux de mes
„ petits enfans; les occupations les plus
„ frivoles m'intéreſſent. Enfin tous mes
„ momens ſont remplis, & rien ne man-
„ queroit à mon bonheur, ſans ce voi-
„ ſinage affreux, qui vient quelquefois
„ porter le trouble & la déſolation dans
„ mon cœur. ”

XVI. *Son amour pour la Poéſie: jugemens différens ſur ſes Ouvrages.*

L'Hôpital avoit conſervé du goût pour la Poéſie, & il s'amuſoit encore à com-poſer des vers Latin. (156) Ses enne-mis lui en faiſoient un crime, & lui re-prochoient cette occupation, comme un jeu trop frivole pour un homme qui a-voit rempli les premieres Charges de l'E-tat. Il en rioit avec ſes amis.

Beaucoup de gens de Lettres l'invi-toient cependant à ſe livrer encore d'a-vantage au plaiſir qu'il trouvoit dans cet amuſement, & ne penſoient pas que le Public dût regarder avec indifférence le fruit des momens qu'il conſacroit à ce

(156) Ep. 15. ad. J. Morel. Lib. 3.

travail. Il a même eu des admirateurs, qui l'ont élevé au deſſus de tous les Poëtes qui ont écrit dans le même genre que lui. Il a égalé Horace, dit Sainte-Marthe, par la grandeur des idées, & l'a ſurpaſſé par l'harmonie & par la chaleur de ſa diction. Le Laboureur dit, que la conduite qu'avoit tenue l'Hôpital dans le Gouvernement, contribueroit moins à ſa gloire, que les Ecrits qu'il avoit compoſés. Pluſieurs de ſes Ouvrages furent traduits en François, par les hommes les plus célebres de ſon tems. Henri Eſtienne publia, dans un Recueil de quelques Ouvrages des Anciens, une Satyre de l'Hôpital ſur les Procès, qu'il croyoit avoir été écrite par un Poëte nommé Galéon: Gaſpard Barthius l'inſéra auſſi dans un Ouvrage de Critique, & l'attribua à quelque Auteur de l'Antiquité ; enfin Boxhornius venoit de faire imprimer des Commentaires ſur cette Satyre, pour expliquer les mots anciens qu'on y trouvoit & dont on ne ſe ſervoit plus, lorſque l'on découvrit qu'elle étoit de l'Hôpital.

Malgré le ſuccès dont ont jouï la plûpart de ſes Ouvrages, Joſeph Scaliger, qui ne ſe conformoit pas toujours à l'opinion publique, & qui croyoit avoir un privilege exclufif d'affigner à tous les Auteurs le dégré d'eftime qu'ils pouvoient mériter, décide que l'Hôpital étoit petit Poëte, & que fes Oeuvres ne fe reffentent pas du ftyle d'Horace.

. Les éloges des premiers font oufrés, & cette critique eft encore plus injufte. L'Hôpital connoiffoit fûrement moins qu'Horace, la méchanique de l'art : il n'a point ce ftyle précis & ferré, cette correction de mots & d'idées, ce fini que nous admirons dans les Ouvrages du Poëte Romain. Le Chancelier manque quelquefois de cette forte de goût qui tient à la connoiffance & à l'ufage du monde & des plaifirs. Il eft fouvent diffus ; fes tableaux, quoique grands, ne font pas toujours bien ordonnés ; enfin il eft moins Poëte qu'Horace. Cependant il eft Poëte ; fon ftyle eft facile, mâle & plein de vie, fur-tout dans fes dernieres compofitions, lorfque l'atrocité des crimes qui furent commis fous fes yeux, eurent ajouté à fon caractere un nouveau dégré de force & de chaleur.

Quant au fond des idées qui dominent dans les Ouvrages de l'un & de l'autre Poëte, il eft affez différent. Horace eft un Philofophe qui cherche à dévoiler les erreurs de l'humanité : il nous fait con-

noître notre folie, nos fottifes, notre
imbécillité; il dépouille les biens imagi-
naires du faux éclat, dont nous nous plai-
fons à les revêtir; il détruit les préjugés,
& nous fait voir la raifon; il nous apprend qu'elle feule peut rendre le Sage
heureux, parce qu'elle feule peut lui faire un bonheur indépendant des caprices
des hommes & de ceux de la fortune.
L'Hôpital eft un homme d'Etat qui n'en-
vifage jamais un individu pris à part; il
voit toujours la fociété: le bonheur d'un
feul n'a point droit à le toucher; il veut
le bonheur de tous. La vertu qui ne fert
qu'à celui qui la pratique, n'eft point
digne de fon eftime. Le préjugé qui
peut être utile, lui paroît toujours refpectable. Celui-là feul eft heureux à fes
yeux, dont le bonheur eft fondé fur celui
de fes femblables. Horace parle toujours
à un Philofophe de fa Secte, l'Hôpital
toujours à un Citoyen; l'un n'eft que Sage, l'autre eft vertueux; le premier infpire la raifon, & le dernier infpire les
paffions raifonnables. Horace enfin a paru à propos dans fon tems, & l'Hôpital
eut dû paroître dans les premiers fiecles
de la République.*

* Il nous refte de l'Hôpital, (outre fes Poéfies
Latines) un petit Volume, dans lequel il a raffem-

XVII. *Le Roi continue de lui donner des marques de fon fouvenir, & empêche qu'il ne foit maffacré à la journée de S. Barthelemi.*

Il goûtoit depuis près de quatre ans le repos que lui procuroit la folitude, toujours également content de fon fort, fans même fe plaindre de la médiocrité de fa fortune, qui étoit telle que, fans le fecours du Roi, qui ne pouvoit fe défendre de le refpecter, (157) il n'eût pas eu de quoi fubfifter avec fa famille, quoiqu'il eût toujours eu les Sceaux pendant tout le tems qu'il fut en place.

blé plufieurs articles de Traités de paix, de Mariages, de Reconnoiffances en foi & hommage, relatifs à la Couronne. Ce ne font proprement que des Notes faites par un homme qui étudioit l'Hiftoire de France.

Boiffard prétend qu'il avoit fait l'Hiftoire de fon tems, & il fe fonde pour avancer ce fait, fur l'Epître dédicatoire qui eft à la tête des Epîtres du Chancelier, adreffée à Henri III. par Hurault de l'Hôpital, petit-fils du Chancelier; mais il ne l'a fûrement pas lue, car il n'y eft parlé d'aucune Hiftoire que l'Hôpital ait faite, ni qu'il ait voulu faire; & cependant Boiffard s'en explique comme fi cette Epître en donnoit des notions très-particulieres.

(157) Epift.

La Guerre civile avoit encore été déclarée, & de nouveaux crimes, de nouvelles horreurs avoient encore défolé nos Provinces. Mais les Proteftans toujours battus, toujours humiliés, paroiffoient chaque jour renaître de leurs cendres, & fembloient n'éprouver des malheurs que pour triompher des revers mêmes de la fortune. On jugea qu'il feroit impoffible de les détruire à force ouverte; & ce fut alors que l'ambition & le fanatifme confpirerent enfemble, pour commettre l'action la plus atroce dont notre Hiftoire ait confervé le fouvenir. La paix fut de nouveau jurée entre les deux partis; on s'engagea à ne la plus troubler, par les fermens les plus redoutables. Les Chefs des Protestans furent enfuite attirés à la Cour, & s'y virent comblés d'honneurs, accablés de careffes; mais bientôt la main qui les flattoit, s'arma d'un poignard, & leur porta le coup mortel. La trahifon & le meurtre parcoururent en un même jour toutes nos Provinces (24 Août 1572.) & remplirent de fang nos Villes & nos campagnes.

Les amis de l'Hôpital craignirent qu'il ne fût enveloppé dans cette horrible exécution; & l'avertirent de prendre garde à lui. (158) *Rien, rien, répondit-il, ce fera ce qu'il plaira à Dieu, quand mon heure fera venue.* Le lendemain, on vint lui dire qu'on voyoit une troupe de Cavaliers armés qui s'avançoient vers fa Maifon; & on lui demanda s'il ne vouloit pas qu'on leur en fermât les portes, & qu'on tirât fur eux en cas qu'ils vouluffent les forcer: *Non,* répartit-il; *mais fi la petite n'eft baftante, pour les faire entrer, que l'on ouvre la grande.* C'étoit en effet des furieux qui, fans ordre de la Cour, venoient pour le tuer; mais avant que d'exécuter leur deffein, ils furent atteints par d'autres Cavaliers envoyés par le Roi même, qui apprirent que ceux qui avoient eu la direction du Maffacre, n'avoient point compris l'Hôpital dans le nombre des Profcrits, & qu'ils lui pardonnoient les oppofitions qu'il avoit toujours formées à l'exécution de leurs projets. *J'ignorois,* répondit-il froidement & fans changer de vifage, *que j'euffe jamais mérité ni la mort ni le pardon.*

Dans le moment même où il paroisfoit fi tranquille fur fon propre fort, il trembloit pour fa fille. Calvinifte & fil-

(158) Brantôme.

le de l'Hôpital; c'étoit un double titre
pour armer contre ſes jours le zele des
fanatiques. Auſſi n'eut-elle point échappé
à leur pourſuite, ſans les ſoins d'Anne
d'Eſt, Ducheſſe de Nemours, veuve du
Duc de Guiſe, qui la fit cacher dans ſon
Palais, & l'envoya ſecrétement à ſon
Pere. Cette Princeſſe avoit connu l'Hôpital en Italie, & avoit conçu pour lui
des ſentimens d'eſtime & d'amitié qui ne
ſe démentirent jamais. (159). Loin d'ex-
citer le Duc de Guiſe à l'exécution des
projets qu'il avoit formés, elle avoit toujours fait tous ſes efforts pour l'y faire
renoncer, & avoit eſſayé pluſieurs fois
de réunir l'Hôpital avec les Princes Lorrains. Il n'oſoit plus eſpérer de revoir
ſa Fille; mais au milieu des pleurs qu'il
répandit dans ces jours terribles ſur ſa
triſte patrie, il verſa encore quelques
larmes de joie, en revoyant cette Fille
qu'il aimoit tendrement.

XVIII. *Sa mort: ſon caractere: ſa juſti-*
fication contre les accuſations de ſes en-
nemis.

On juge aiſément de l'effet que pro-

(159) Le Lab. T. 1. p 494.

duifirent fur lui ces dernieres révolutions.
Il ne leur furvécut pas long-tems : bientôt il fentit la mort s'approcher, & elle
ne lui parut que comme une feconde retraite qui devoit lui être plus avantageufe que la premiere. Il eut feulement
quelque inquiétude de ce que devien-
droient après lui fes Petits-enfans, à qui
il laiffoit une fortune très-médiocre.
Mais le Roi & la Reine Mere le firent
affurer, qu'ils fe chargeoient du foin de
leur faire un fort heureux. Enfin il mourut le 15 Mars 1573. pleuré de tous les
bons Citoyens, refpecté & admiré de tous
fes ennemis. *

La vie de cet illuftre Perfonnage m'a
toujours paru devoir être une grande leçon de vertu. Il eut la plûpart des qualités qu'il feroit à défirer, pour le bonheur des Peuples, que poffédaffent tous

* Il fut enterré dans la Paroiffe de Champ-
moteux, de qui dépend la Terre de Vignai. On
y voit une Infcription fort fimple au fujet du
Chancelier de l'Hôpital, & où font nommés les
neuf enfans de fa Fille Marguerite. Elle eft rap-
portée dans les Mém. de l'Acad. des Infer. & B.
Lett. Tom. XVIII. p. 373. de l'Hiftoire, auffi-
bien qu'une autre Infcription qui fe voit dans le
Château de Vignai. Plufieurs Auteurs ont obfer-
vé, que le Chancelier de l'Hôpital reffembloit
aux portraits que l'Antiquité nous a confervés d'A-
riftote.

ceux qui approchent des Rois, ou qui
font deſtinés au gouvernement des affaires publiques. Ses vertus ſurpaſſerent
encore ſes talens ; peu d'hommes ont
donné plus d'exemples de déſintéreſſe-
ment, de magnanimité, de conſtance. Il
avoit pris pour ſa Déviſe, un Atlas ſou-
tenant le Monde ſur ſes épaules, avec
cette Légende : *Impavidum ferient ruinæ.*

Ses ennemis & les envieux qu'il s'eſt
attiré, ont cherché à obſcurcir ſa gloire,
& ont fait tous leurs efforts pour le rendre odieux. Dans leurs plus violens dé-
lires, ils l'ont accuſé d'Athéiſme : cette
exécrable calomnie les a déshonorés, ſans
pouvoir nuire à l'Hôpital. Ils ont enſuite voulu perſuader qu'il étoit Proteſtant dans le cœur ; & les Proteſtans eux-
mêmes, pour ſe faire un appui de ſon
autorité, ont fait ce qu'ils ont pu pour
favoriſer cette opinion. Théodore de
Beze l'avoit fait peindre ayant une lumiere derriere lui, pour marquer qu'il
l'avoit connue, ſans en avoir voulu profiter.

Enfin les Catholiques zélés prétendoient
que ſa femme & ſa fille attachées à la
Religion Calviniſte, ne permettoient pas
de croire qu'il fût dans d'autres ſentimens que les leurs. *Dieu nous garde de*

la Meſſe de M. le Chancelier, diſoit-on à la Cour. Mais la femme & la fille de l'Hôpital avoient embraſſé la Religion Proteſtante long-tems avant que le Concile de Trente eût fixé la croyance qu'il falloit ſuivre, & que les Proteſtans fuſſent irrévocablement déclarés Hérétiques.

Je demande encore quel intérêt put empêcher l'Hôpital de ſe montrer tel qu'il pouvoit être, avant qu'il fût Chancelier. Son ambition, dira-t-on, ne lui permit pas. C'eſt au Lecteur à juger, ſur la connoiſſance qu'il a de ſon caractere, s'il a pu être capable d'une pareille fauſſeté. Y a-t-il apparence qu'un homme qui dans les tems les plus orageux a toujours eu le courage d'aller par la ligne la plus droite vers l'honnête, ait jamais eu la foibleſſe d'obſerver des pratiques de Religion qu'il auroit cru être des actes d'idolâtrie? Il eût déſiré ſans doute qu'on fit une grande réforme dans la diſcipline Eccléſiaſtique; & nombre de Catholiques, même des plus habiles, convenoient qu'elle étoit néceſſaire. Mais jamais il ne parut vouloir faire accorder aux Proteſtans, rien qui pût bleſſer le Dogme. Il étoit enfin intimement convaincu de la vérité des principes de tolérance civile, que nous lui avons vu établir; & il penſoit que l'autorité des Souverains ne devoit jamais franchir les bornes dans leſquelles il étoit cenſé que la Nation avoit voulu la renfermer; qu'il n'étoit pas posſible qu'on leur eût accordé le droit de gêner les cœurs, & de ſoumettre les eſprits à leurs opinions; & que le Citoyen qui obéiſſoit aux Loix, qui rempliſſoit tous ſes devoirs envers ſes ſupérieurs & ſes égaux, envers ſa patrie, ne devoit plus rien au Gouvernement, & n'avoit à rendre compte qu'à Dieu ſeul des mouvemens ſecrets & des penſées qui naiſſoient en ſon ame.

J'aurois pu groſſir ce Volume de pluſieurs faits particuliers, que l'on pourroit me reprocher d'avoir négligé d'y placer. Mais j'ai toujours penſé que l'Hiſtoire devoit être une école de Morale & de Politique; que tous les faits dont il ne pouvoit réſulter aucune vérité, reſſembloient à ces plantes gourmandes qu'on doit arracher d'un terrein précieux, dans lequel on ne doit laiſſer germer que des grains utiles.

F I N.

TABLE
DES MATIERES

Contenues dans ce Volume.

A.

P

tifans font déclarés criminels par le Parlement, 147. Il eſt fait priſonnier à la Bataille de Dreux, & ſe voit une ſeconde fois prêt à perdre la tête, 148. A la mort du Duc de Guiſe la Reine Mere fait la paix avec lui, 150. Il ſignale ſa valeur au Siege du Havre, 156 & ſuiv. La Reine Mere ayant été gagnée par le Duc d'Albe il ſe prépare de nouveau à la guerre civile, 190 & 191. Il ſe met en marche pour ſe rendre maître de la perſonne du Roi, 192. Il conſent à des conditions de paix, 201. On veut le faire arrêter, mais il échappe, 202. Il écrit au Roi Charles IX. *ibid*

P 5

R.

S.

T.

Fin de la Table.

www.ingramcontent.com/pod-product-compliance
Lightning Source LLC
Chambersburg PA
CBHW061010280326

41935CB00009B/913